Das Buch

Dieses Buch ist wie eine Offenbarung für alle Frauen, gleich welchen Alters und Aussehens, die nicht mehr allein sein möchten! Planen Sie, in absehbarer Zeit eine glückliche Beziehung zu führen? Hier sind fünf einfache, funktionierende Schritte zum Glück. Jeannette Weiss zeigt ihnen auf die herzliche und persönliche Art einer weisen, lieben Freundin, wie Sie – egal, wie alt Sie sind, wie Sie im Moment aussehen und was Sie verdienen – den passenden Partner fürs Leben finden können. Sie räumt dabei gleich mit den üblichen Irrmeinungen über Schönheit und erotische Anziehungskraft auf, und führt Sie aus der Einsamkeit hinein ins pralle Leben. Es liegt im Plan der Schöpfung, sagen Jeannette Weiss und ihr Co-Autor Simon Schott, daß wir einen lieben, zu uns passenden Partner zugeführt bekommen. Mit den hier vorgestellten fünf leicht durchzuführenden Schritten machen Sie der Vorsehung den Weg frei!

Die Autoren

Das Leben von Jeannette Weiss, Jahrgang 1962, als Mannequin, Tänzerin in einer brasilianischen Truppe und Volksmusiksängerin war aufregend und abwechslungsreich, es führte sie nach Paris, Dubai, Martinique und Bali. Für Ihre Gesangsleistung bekam sie sogar eine goldene Schallplatte. Heute lebt sie als Mutter und Beraterin in allen Fragen, welche Frauen betreffen, wieder in ihrer Geburtsstadt München, wo sie auch als Autorin tätig ist. Bislang hat sie mit Simon Schott zusammen drei Bücher verfaßt und an einem halben Dutzend weiterer Manuskripte mitgearbeitet.

Simon Schott, geb. 1917 in München, hat mehrere Kriminalromane unter dem Pseudonym Nicky Foldex veröffentlicht, die im Ullstein Verlag erschienen sind, außerdem Science-Fiction und musikalische Sachbücher. Das Fachbuch »How to Play Piano by Ear« ist im Jahr 2003 in den USA erschienen. Insgesamt wurden in den letzten 30 Jahren 15 Bücher von ihm verlegt, außerdem wurde ihm der ZDF-Preis der Leseratten verliehen.

Jeannette Weiss
Simon Schott

Partner vor der Tür

Fünf einfache Schritte
zum Glück zu zweit

Schirner
Verlag

ISBN 3-89767-236-7

Neue ISBN ab 2007: 978-3-89767-236-7

Copyright © 2005 Schirner Verlag, Darmstadt

Zweite Auflage 2005

Umschlag: Murat Karaçay

Redaktion: Susanne Hühn, Kirsten Glück

Satz: Kirsten Glück

Herstellung: Reyhani Druck & Verlag, Darmstadt

Printed in Germany

www.schirner.com

Inhaltsverzeichnis

Liebe kann die Inschrift auf dem fernsten Stern entziffern.
Oscar Wilde (1854–1900)

Vorwort

Der Zustand der Einsamkeit wird in zahlreichen Gedicht-
bänden und vielen Liedern beschrieben. Es gibt sogar eine
eigene Musikform, den Blues, mit der man ihm und seinen
Folgen auf ergreifendste Weise Ausdruck verleihen kann.
Denn es ist nicht die Einsamkeit als solche, es sind ihre
Mitstreiter Niedergeschlagenheit, Hoffnungslosigkeit und
Verzweiflung, welche der Seele die schlimmen Wunden
schlagen und den Einsamen zermürben. Jeder zweite ältere
Mensch wird in dieser unsicheren, übertechnisierten Zeit
regelmäßig vom Monster Einsamkeit angefallen – wenn er
ohne Partner lebt, wenn ihm niemand schützend zur Seite
steht, oder wenn es niemanden gibt, für den er sorgen darf.
Doch nun es gibt keinen Grund mehr, sich ergeben dem
Schicksal zu fügen. Denn nach der hier vorgestellten spiritu-
ellen Methode kann jede Frau einen lieben Ehemann oder
Partner fürs Leben finden und glücklich sein. Dabei ist es
unwichtig, wie alt sie ist und wie sie aussieht, oder ob sie
schon alles mögliche versucht hat.

Anmerkung für die Leserin

Dieser spirituelle Ratgeber von Jeannette Weiss und Simon Schott zeigt, daß unsere Vorhaben von den kosmischen Kräften unterstützt werden, sobald wir die richtigen Schritte tun. Es sind fünf Schritte, die auf neuesten, zum Teil verblüffenden Erkenntnissen über die geheimen Gedanken von Männern in bezug auf Frauen basieren. Warmherzig und in völliger Offenheit erklärt Jeannette Weiss jeden dieser Schritte; Co-Autor Simon Schott steuert jeweils ein authentisches Beispiel aus dem täglichen Leben bei, seine Beiträge sind mit Kursivschrift gekennzeichnet.

1. Kapitel

Gleiche Chancen für alle

Meine liebe Freundin! Ihr Unterbewußtsein hat Sie zu diesem Buch geführt. Und somit auch zu mir. Es war ein Akt der Vorsehung, weil die Zeit gekommen ist, da Ihr Leben einen neuen Weg einschlagen soll. Sie brauchen diesen Weg nicht allein zu gehen. Ich werde Sie liebevoll an der Hand nehmen, werde Sie auf der ganzen Strecke bis zum Ziel begleiten und Ihnen in jeder Situation beistehen. Auf dieser Reise werden wir viel Freude erleben, weil Ihr Selbstwertgefühl einen unglaublichen Aufschwung erfahren wird.

Aber über eines müssen wir uns von vornherein klar sein:

Wenn wir etwas bewegen wollen,
geht das nicht ohne eine durchgreifende Verän-
derung, und zwar unserer Person, unserer Ge-
danken, unserer seelischen Einstellung
und – vor allem – unseres gesamten äußeren
Erscheinungsbildes!

Solange wir im alten Trott verharren und uns nicht aufraffen können, dauerhaft einiges an uns zu ändern, wird sich kein Partner unserer Tür nähern. Und deshalb ist es meine erste Pflicht, liebe Seelenfreundin, Ihnen dies von vornherein klar und deutlich ans Herz zu legen.

Nun ist es durchaus möglich, daß Ihnen
manche dieser Schritte zur Veränderung,
die wir in Angriff nehmen müssen,
sonderbar erscheinen mögen.
Stören Sie sich nicht daran!
Haben Sie Vertrauen!

Alles, was ich Sie zu tun bitte, ist notwendig, ist unabdingbar! Dabei werden Sie erstaunt sein, wie glücklich Sie sich nach jedem getanen Schritt fühlen.

Damit wir nun den Ablauf unserer Unternehmungen besser verstehen, sollten wir uns einen Geldschrank der alten Art vorstellen, welcher fünf Drehknöpfe hat, von denen man jeden auf eine beliebige Zahl zwischen 0 und 9 stellen kann. Erst wenn jeder Knopf auf der richtigen Zahl steht, geht der Schrank auf.

So ist es auch mit unserem Vorhaben. Auf unserem Weg sind fünf bestimmte Dinge zu erledigen. Sobald wir diese Aufgaben erfüllt haben, können uns die kosmischen Kräfte zum gewünschten Ziel führen. Ich werde Ihnen im Verlauf dieses Buches jeden dieser Schritte mit der Abbildung eines Geldschrankknopfes kennzeichnen. Fangen wir also an!

Am Anfang meines Bemühens, Ihnen zu einem lieben Partner fürs Leben zu verhelfen, steht mir eine schwere Aufgabe bevor. Ich muß Sie nämlich mit einem kosmischen Gesetz vertraut machen, das die meisten Abläufe im Universum und in unserem Leben bestimmt: dem Gesetz des kosmischen Gleichgewichtes!

Dieses Gesetz ist und bleibt uns allen ein großes Geheimnis. Ja, viele von uns haben enorme Schwierigkeiten, überhaupt an seine Existenz zu glauben. Dagegen finden wir im Volksmund schon seit je die Wirklichkeit einer ausgleichenden Gerechtigkeit verankert: »Es ist nicht aller Tage Abend.« – »Die Bäume wachsen nicht in den Himmel.« – »Es hängt nicht alles auf einer Seite.« So heißt es da zu Recht. Auch ist längst bekannt, daß sämtliche Vorgänge in der Natur, z.B. in der Biologie, auf dem Prinzip des Gleichgewichts basieren. Ohne die wohltuende Macht des Ausgleichs könnte unser Leben, ja könnte die Welt nicht existieren. Somit wird auch das Vorhaben, uns mit einem Partner zu verbinden, von diesem Prinzip gelenkt. Das sollten wir uns stets vor Augen halten! Was bedeutet das ganz genau? Daß jede Frau, wirklich jede, die Möglichkeit hat, genau den Partner zu finden, der zu ihr paßt. Denn in dem Moment, in dem sie sich ausdrücklich und klar für eine Partnerschaft entscheidet, beginnt sich eine Art Magnetfeld um sie herum aufzubauen. Das Leben kann dann gar nicht anders, als ihr den passenden Mann zu schicken!

Zugegeben, für eine Frau, die keine zwanzig mehr ist, die beim Blick in den Spiegel Verzweiflung im Herzen fühlt und dazu vielleicht noch in bescheidenen Verhältnissen leben muß, für so eine Frau ist es nahezu unmöglich, zu glauben, sie hätte die gleichen Chancen, einen zu ihr passenden Partner zu finden und mit ihm glücklich zu sein, wie all die Jüngeren, Schöneren, Reicheren!

Und trotzdem ist es so! Eine solche Frau hat genau die gleichen Chancen wie jede andere, mag uns dies noch so unfaßbar erscheinen.

Vielleicht kann Ihnen ein Beispiel, welches uns Simon Schott aus seinem Leben erzählt, begreiflich machen, daß das Glücklich-sein-zu-zweit nichts mit unserem Aussehen, unserem Alter oder unseren finanziellen Verhältnissen zu tun hat. Hier ist sein Bericht:

Vor vielen Jahren verbrachte ich ein paar völlig verregnete Urlaubstage in einem belgischen Fischerdorf. Ich saß die meiste Zeit am offenen Fenster meines Hotelzimmers, um wenigstens so ein wenig frische Meeresluft zu tanken. Direkt unter meinem Ausguck lag ein kleines Backsteinhäuschen; es stand so nah, daß ich in die Küche schauen konnte, deren Fenster offenstand. Dort bügelte eine etwa fünfzigjährige Frau von unscheinbarem Aussehen ihre Wäsche.

Eigentlich hätte man ihre Gesichtszüge als häßlich bezeichnen müssen, doch das glattgekämmte schwarze Haar und ihr sauberes dunkelblaues Leinenkleid bewirkten, daß sie nicht abstoßend wirkte. Das eintönige Grau des Küstenregens schien ihr nichts anzuhaben, denn ich hörte, wie sie bei der Arbeit fröhlich sang. Etwas später trug sie die Wäsche aus der Küche und deckte den Tisch fürs Abendbrot. Sie holte eine Handvoll Astern aus dem Vorgärtchen, steckte sie in eine Vase und stellte sie auf den Tisch.

Nach ein paar Minuten sah ich sie mit einem großen Regenschirm aus dem Haus treten. Sie ging ans Gartentor und blickte wartend auf die Straße. Bald bemerkte ich einen Radfahrer in Arbeiterkleidung, der am Gartentor mühsam abstieg. Er hatte ein steifes Bein. Der Mann küßte die Frau auf beide Wangen. Sie küßte ihn. Darauf gingen sie Hand in Hand ins Haus.

Der Zufall hatte mir zwei glückliche Menschen gezeigt; zwei unscheinbare Leute, die sicher keiner auf der Straße beachtet hätte. Sowohl dieser Mann mit dem steifen Bein als auch die Frau mit dem häßlichen Gesicht würden mit niemandem auf der Welt tauschen wollen. Denn sie besaßen etwas, dem Playboys und Prinzen, Millionäre und Filmstars vergebens *nachjagen: das zufriedene, beständige Glücklichsein zweier Menschen, die für den Rest des Lebens zusammenbleiben wollen!*

Diese Schilderung wollen wir im Gedächtnis behalten. Sie soll uns helfen, der bei Frauen am weitesten verbreiteten Fehlinformation zu Leibe zu rücken, nämlich daß manche Frauen privilegiert und andere benachteiligt seien, wenn es um Partnersuche geht; und daß die äußerlichen, von der Natur mitgegebenen und nicht zu ändernden körperlichen Merkmale einer Frau für Erfolg oder Mißerfolg, für Glück oder Unglück in der Partnerschaft verantwortlich seien; daß sie irgend etwas mit Glücklichsein zu tun hätten!

Sie haben nicht das geringste damit zu tun!

Jede Frau – wie immer sie von der Natur ausgestattet wurde – hat die gleichen Chancen, einen zu ihr passenden Partner zu finden.

Lassen wir uns bloß nicht dadurch irritieren, daß in den Illustrierten oder auf dem Fernsehschirm engelsgleiche, gertenschlanke und todschicke weibliche Grazien ihren unwiderstehlichen Charme versprühen, während wir uns selbst unmöglich finden. Viele Lebensbeichten beweisen, daß die Partnerschaften ausgesprochen schöner Frauen sehr oft unglücklich enden und von kürzerer Dauer sind als die weniger attraktiver. So gibt es zum Beispiel keinen Frauenberuf, bei dem die Selbstmordquote so hoch ist wie bei Mannequins. Auch dazu lassen wir wieder Simon Schott aus seinem Leben erzählen:

Ich erinnere mich an einen heißen Sommersonntag, an dem ich in Paris die menschenleere Rue du Faubourg Saint-Honoré hinunterschlenderte. Ich lebte damals schon seit einem Jahrzehnt in dieser Stadt und wunderte mich deshalb nicht, an einem solch herrlichen Sonntag auf der sonst so belebten Straße der Modegeschäfte keinem einzigen Passanten zu begegnen. Plötzlich ging das Tor eines Hauseingangs auf, und an die hundert bildhübsche Mädchen traten auf die Straße. Einige von ihnen ließen sich auf der Terrasse eines Straßencafés nieder; und da noch ein Platz frei war, setzte ich mich dazu und begann ein Gespräch. So erfuhr ich, daß sie von einem Meeting kamen und alle den gleichen Beruf ausübten: Sie arbeiteten als Mannequins bei Christian Dior, Jacques Fath, Coco Chanel, Yves Saint Laurent oder ähnlich berühmten Modeschöpfern. Mit anderen Worten – um mich herum saßen lauter junge Frauen, die zu den schönsten der Welt zählten. Als ich meiner Gesprächspartnerin gegenüber mein Erstaunen zum Ausdruck brachte, daß nach ihrem Meeting keine einzige von einem Freund abgeholt worden war, sagte sie, sie hätten leider alle keinen. Heute seien sie in Paris, morgen in Stockholm, und am Wochenende müßten sie in Rio auftreten. So ginge es bei ihnen das ganze Jahr, und welcher Freund würde sich schon damit abfinden, sein Mädchen so gut wie nie zu sehen?

»Aber nach einer Modenschau werden Sie doch sicher oft von Männern zum Essen eingeladen?« erwiderte ich. Die Antwort war nur ein trauriges Lächeln. Da fiel mir natürlich ein, daß es frustrierend sein mußte, eine Speisekarte mit den erlesensten Genüssen zu studieren, um dann Mineralwasser und einen Salatteller zu bestellen, und ich sagte es ihr.

»Nein, das ist es nicht, daran gewöhnt man sich«, meinte meine Gesprächspartnerin, ein Geschöpf von märchenhafter Schönheit. Zu meiner Verblüffung klagte sie mir nun ihr Leid über ihr Aussehen. Natürlich brauche sie es für ihren Beruf, meinte sie, aber in der Liebe sei es eine Katastrophe, so auszusehen wie Sie und ihre Kolleginnen.

Ich sagte ihr, daß ich das einfach nicht glauben könne. Das sei doch vollkommen unlogisch!

»Ich weiß nicht, ob es logisch ist oder nicht«, gab sie zur Antwort. »Tatsache ist jedenfalls, daß sich nur Blender und verheiratete Millionäre an uns heranwagen. Jeder anständige Mann macht einen Bogen um uns, so als hätten wir die Pest. Nette Männer sind nämlich davon überzeugt, sie müßten steinreich sein, um bei uns anzukommen. Glauben Sie mir, ich beneide jede kleine Verkäuferin und Friseurin um ihr durchschnittliches Aussehen. Denn die haben Glück in der Liebe!«

Damals dachte ich, dieses Mädchen hätte vielleicht irgendeinen seelischen Knacks. Doch im weiteren Verlauf meines Lebens mußte ich diese Meinung über Bord werfen, denn ich hörte von ausgesprochen schönen Frauen immer wieder genau dieselben Argumente und noch ein paar andere, durchaus überzeugende dazu.

Ja, liebe Freundin, der Ansicht dieses Mädchens kann ich als Frau nur zustimmen. Es ist nicht zu leugnen, daß die meisten Männer ausgesprochen schönen Frauen gegenüber ein gewisses Mißtrauen hegen. Zwar zeigen sie sich im Restaurant oder in ihrem Freundeskreis gern in Begleitung einer Schönheit, schreiten aber nicht mit ihr zum Traualtar. Sie glauben, so eine Frau brächte es nicht fertig, lange treu zu bleiben.

Jeder Mann will seine Frau für sich allein besitzen, und es kommt kein gutes Gefühl in ihm auf, wenn sie auf Schritt und Tritt von anderen Männern mit Blicken verschlungen wird. Das stürzt ihn in Unruhe, Mißtrauen und Eifersucht. Viele Ehen mit weiblichen Schönheiten sind auf diese Weise schon in die Brüche gegangen.

Ähnliches gilt auch für die reiche Frau. Auch sie hat auf der Suche nach einem ehrlichen und verläßlichen Lebensgefährten größte Hürden zu überwinden. Beneiden wir sie nicht, wenn sie sich in ihrer Fernsehserie am Swimmingpool aalt. Für eine reiche Frau ist es schwierig, glücklich zu sein. Sie ist sich nie sicher, ob sie nun um ihrer selbst willen oder ihres Geldes wegen geheiratet wird. Sogar wenn der Partner ebenso reich ist wie sie. Nach einiger Zeit entsteht fast automatisch und unausweichlich – oft aufgrund irgendeiner Kleinigkeit – ein von schleichenden Verdächtigungen geprägtes Klima, das schließlich in offene Anklage und Streit ausartet. Nur ein Mitgiftjäger kann das auf die Dauer ertragen. Der ehrliche Mann, der die reiche Frau aufrichtig geliebt hat, wird das Feld räumen.

Ich hatte viele vertrauliche Gespräche mit Frauen. Und das, was mir jene, die von großer Schönheit waren oder aus reichen Kreisen stammten, zu erzählen pflegten, verschaffte mir ein genaues Bild der Zusammenhänge. Ich fing an zu begreifen, daß auch hier – wie in allen Bereichen des Lebens – das Ausgleichsgesetz der Natur am Wirken ist. Also jene Kraft, die im grandiosen Karussell des Zusammenwirkens aller Lebensformen stets den Ausgleich und das Gleichgewicht herstellt. Wenn wir bereit sind, Tür und Tor für eine neue Beziehung zu öffnen, können die kosmischen Kräfte

gar nicht anders, als auf diese Bereitschaft zu reagieren, denn es entsteht eine Art Sog. Auf diese Weise bekommt jede Frau das, wofür sie sich öffnet und was sie bewußt in ihr Leben einlädt. Damit nicht die einen alles haben und die anderen gar nichts.

Ich will damit nicht behaupten, daß reiche oder schöne Frauen keine Abenteuer und kurzfristige glückspendende Bindungen mit Männern haben könnten. Manche erleben sogar eine Menge davon. Das ist kein Vorwurf, denn selbst kurze Beziehungen sind immer noch angenehmer, als einsam zu sein. Wenn es aber um das zufriedene und das ganze Leben anhaltende Glück zweier Menschen geht, die zusammengehören – wie bei dem zuvor beschriebenen Ehepaar in dem belgischen Fischerdorf –, dann hat weder die schöne noch die reiche Frau einen Vorteil in der Ausgangsposition. Im Gegenteil, in vielen Fällen behindert sie ein Handicap, das eine normale Frau gar nicht kennt.

Danke, daß Sie mir bis hierher so aufmerksam zugehört haben, liebe Freundin. Ich mußte Ihnen diese wichtige Erkenntnis vermitteln, weil der Irrglaube von der Begünstigung der Schönen oder Reichen und von der Benachteiligung aller anderen überall verbreitet wird. Sie müssen ihn ein für allemal aus Ihrem Bewußtsein tilgen, da Sie für Ihre Partnersuche eine ganz bestimmte geistige Einstellung benötigen, auf die wir gleich kommen werden.

Zuvor sollten wir aber noch untersuchen, wie es für jene mit der Chancengleichheit aussieht, welche sich aus einem anderen Grund benachteiligt fühlen. Ich meine jetzt alle, die ein nicht zu änderndes körperliches Manko mit sich herumtragen oder sich zumindest einbilden, von einem solchen gekennzeichnet zu sein. Zu dieser Gruppe gehört die überwiegende Mehrzahl von uns Frauen, denn fast jede hat irgend etwas an ihrem Äußeren auszusetzen: zu blasse Haut, Sommersprossen, die Nase ist zu groß oder nicht ganz gerade, unregelmäßige Zähne, der Mund zu breit oder zu schmal, die Lippen zu wulstig, der Hals nicht so, wie er sein sollte, eine zu umfangreiche, zu flache oder zu stark hängende Brust. Andere wiederum finden, sie hätten einen zu breiten oder zu schmächtigen Körperbau, ihr Becken sei zu ausla dend oder die Beine zu dick oder etwas zu kurz, und so weiter und so fort! Jede Frau hat dieses oder jenes Wehwehchen, diesen oder jenen Schönheitsfehler.

Dazu kommt noch, daß jeder Mensch seine eigene kleine Unvollkommenheit wie durch ein Vergrößerungsglas wahrnimmt und ihr eine Bedeutung beizumessen pflegt, welche sie nicht hat. Sie wissen ja, wie es ist, wenn Sie einen Pickel in Ihrem Gesicht entdecken. Sie glauben, er sei riesengroß, während ihn andere gar nicht bemerken. In abgewandelter Form gilt dies auch für einen ausgeprägten körperlichen Makel. Je länger ein anderer mit uns zusammen ist, desto vollständiger verschwindet die Wahrnehmung unseres kleinen Gebrechens aus seinem Bewußtsein. Der Gewöhnungseffekt bewerkstelligt, daß der Makel einfach zum Gesamtaussehen des Betreffenden gehört und man ihn gar nicht mehr beachtet.

Das ist wieder eine jener Realitäten, die hundertprozentig stimmen, die zu glauben wir Frauen aber größte Schwierigkeiten haben. Deshalb möchte ich auch hierzu wieder ein kleines Erlebnis meines Co-Autors heranziehen, das die Dinge aus der Sicht des Mannes schildert:

Ich verkehrte damals viel in Pariser Künstlerkreisen und nahm auch oft an Partys der High-Society teil. Eigentlich waren es immer die gleichen Leute, die einander der Reihe nach einluden, und so begegnete man denn auch meist denselben Gesichtern. Mir fiel auf, daß meine Bekannten oft von einer gewissen Laura sprachen, welche anscheinend auch zu ihrem Partykreis gehörte, die ich aber noch nicht zu Gesicht bekommen hatte. Es erstaunte mich, daß diese Herren, die sonst ziemlich blasiert waren und sich nie für irgend jemanden begeisterten, sichtlich zu strahlen anfingen, wenn von dieser Laura die Rede war. So war es nicht verwunderlich, daß ich langsam neugierig auf sie wurde. Als man mich ihr eines Tages vorstellte, war ich einige Sekunden sprachlos: Sie schielte, und zwar sehr stark! ... Aber sie hatte das netteste Lächeln, das ich je gesehen habe, und es ging so viel Charme und Aufrichtigkeit von ihr aus, daß man sich sofort zu ihr hingezogen fühlte. Nach zehn Minuten in ihrer Gesellschaft hatte man vollkommen vergessen, daß sie schielte. Das erklärte wohl auch, warum kein einziger meiner Bekannten ihren Augenfehler erwähnt hatte.

Hier sehen wir, daß Männer bei einer Frau mit viel Charme jeden von der Natur verliehenen äußerlichen Fehler unbeachtet lassen und ihn bereits nach kürzester Zeit aus ihrem

Gedächtnis streichen. Auch dieses Phänomen ist eine Form des Ausgleichsgesetzes und verfolgt das Ziel, möglichst jeder Frau die gleichen Chancen zu verschaffen.

Es gibt noch einen anderen wichtigen Faktor für die Verwirklichung der Chancengleichheit: die erstaunliche Vielfalt der männlichen Geschmacksrichtungen in bezug auf die Äußerlichkeiten einer Frau.

Es rümpft der Mann im Orient die Nase, wenn die Frau seiner Träume nicht dick genug ist. Auch bei uns wirken korpulente Frauen auf viele Männer anziehend. So hat man festgestellt, daß auf Partnersuchannoncen von Damen, in denen das Wort »mollig« erscheint, eine hohe Anzahl von Zuschriften eintrifft. Andere Männer wiederum lassen in ihren Gesprächen unter sich ihre Vorliebe für Frauen erkennen, die zwar nicht üppig wirken, aber an gewissen Stellen ein wenig Fülle aufweisen. Ferner gibt es Männer, die mehr den knabenhaften Frauentyp suchen.

Auch in bezug auf die Körpergröße gehen die Wünsche der Männer völlig getrennte Wege. Die einen lieben nur große, stattliche Frauen, die anderen nur zierliche, wieder andere einen Typ der mittleren Größe. Selbst der extreme Fall einer Zwergengestalt berechtigt keine Frau, ihren Glauben an das Glück aufzugeben. Es existieren genügend kleine Männer, die sich freuen würden, eine noch kleinere Frau gefunden zu haben, die sie beschützen können.

Es gibt Männer, die Brillenträgerinnen verehren. In gebirgigen Gegenden werden Mädchen mit dicken Waden und Schenkeln angehimmelt. Manche Männer wünschen sich eine lebhafte, temperamentvolle Partnerin, andere eine ruhige und umsichtige. Sogar hinsichtlich des Alters denken die Männer verschieden. Nicht nur die junge, auch die ältere Frau ist gefragt. Denn bei ihr bildet sich im Bewußtsein des Mannes die angenehme Vorstellung von Geborgenheit, des Sich-gehenlassen-Könnens.

Es ist also unter gar keinen Umständen unser Körper, der einer Partnerschaft mit einem lieben Mann im Wege steht!

Hören wir auf,
mit unserem Aussehen zu hadern!

Seien wir zufrieden mit dem Körper, den uns die Schöpfung schenkte, und zwar so, wie er ist! Freuen wir uns, daß die Natur ihm typische, unverwechselbare Eigenheiten gab, was immer es sein mag! Es sind Eigenheiten, die uns von allen anderen Frauen unterscheiden, die uns einmalig machen!

Danken wir unserem Körper,
der uns seit vielen Jahren brav und unermüdlich
durchs Leben trägt!

Es ist wirklich an der Zeit, daß Sie auf ein neues Lebensgefühl umschalten. Glauben Sie mir, liebe Freundin, es tut Ihnen nicht gut, beim Blick in den Spiegel Vergleiche anzustellen, Wunschvorstellungen nachzuhängen, anders sein zu wollen, als Sie sind. Es ist egal, welchen Körper Ihnen die Schöpfung gegeben hat und wie er sich nach einem langen Weg durchs Leben heute darstellt, denn aus Ihren Augen spricht ein liebes Wesen, warmherzig, zuverlässig und treu! Ich bitte Sie, meine Freundin, haben Sie Respekt vor diesem Wesen! Lieben Sie diese Person im Spiegel!

Lieben Sie sich selbst.

Das ist der erste Schlüssel zum Erfolg unseres Vorhabens! Die Geheimzahl vom ersten Drehknopf des Geldschranks zum Glück!

Es gibt also überhaupt keinen Grund, am Gelingen unseres Vorhabens zu zweifeln. Genau wie die häßliche Frau im ärmlichen Backsteinhäuschen des belgischen Fischerdorfes hat jede Frau, haben wir alle, haben also auch Sie, liebe Freundin, ein Leben zu zweit in den Genen einprogrammiert. Das einzige Hindernis sind höchstens wir selbst! Wir müssen nur unsere Gedanken frei machen von veralteten Vorurteilen. Wie auch immer die Natur uns geschaffen hat, wir haben die gleichen Chancen wie alle anderen.
Selbst das Milieu, in dem eine Frau lebt oder aus dem sie kommt, beeinflußt die Möglichkeit zum Glück in keiner Weise. Es ist einerlei, ob wir der Familie eines Straßenarbeiters entstammen oder ob unser Vater Hochschulprofessor war oder was unser Beruf, unser Bildungsgrad, unser Intelligenzquotient oder Kontostand ist.

Ob dick oder dünn, groß oder klein, jünger oder älter, arm oder reich,
es gibt für jede Frau den richtigen Partner.

Und nun kommt das Unglaubliche: Diesen Mann gibt es nicht nur einmal – nein, es gibt ihn hundertmal!

Sehen wir uns einmal in der Natur um! Mit welchem Reichtum an Arten, welcher Verschwendung, welcher Fülle an Varianten und Möglichkeiten der Lebenserhaltung stattet sie jede einzelne Spezies, jedes kleinste Lebewesen aus! So hält die Schöpfung auch für Sie, liebe Freundin, nicht nur e i n e n möglichen Partner bereit, sondern eine ganze Reihe davon! Dies ist notwendig, weil die Schöpferkräfte sichergehen wollen, daß Ihnen der biologisch primäre Zweck des Lebens ermöglicht wird: mit einem Partner als Paar zu leben! Das heißt mit anderen Worten:

Hunderte von Männern warten darauf,
Ihnen zu begegnen!

Ja, es ist wirklich so! Und diese Gewißheit ist für unser Vorhaben von enormer Wichtigkeit. Sie muß in unserer Gedankenwelt verankert werden, sie soll uns Tag und Nacht begleiten. Wir können nur Erfolg haben, wenn wir uns vollkommen klar darüber sind, daß es im Plan der Schöpfung liegt, einen zu uns passenden lieben Partner zugeführt zu bekommen. Dieser Vorgang kann nicht wichtig genug genommen werden, denn er ist der Schlüssel zu unserem Erfolg!

Demnach besteht unsere erste Aufgabe darin, diese Vorstellung in unserem Unterbewußtsein zu verankern. Denken wir von heute an jeden Abend vor dem Einschlafen ganz fest daran, daß wir die gleichen Chancen von der Natur bekommen haben wie alle anderen Frauen, daß es Hunderte von Männern gibt, die zu uns passen und die froh wären, unser Partner oder Ehemann zu sein.

24

2. Kapitel

Grünes Licht für die Anbahnung

Nun werden Sie natürlich fragen, liebe Freundin: Wenn es wirklich Hunderte von Männern gibt, die ausgerechnet auf mich warten, warum bin ich dann in den vielen Jahren noch nie einem einzigen begegnet? Die Antwort lautet: Sie sind schon manchen begegnet, aber Sie kannten das Losungswort nicht, und deshalb hat keiner von ihnen Sie erkannt.

Bereits in der primitiveren Welt der Tiere werden bestimmte Signale ausgetauscht, um die Artgenossen auf wichtige Ereignisse aufmerksam zu machen. Eine Gefahr, ein neuentdeckter Futterplatz, eine beschlossene Ortsveränderung oder ein bedrohlicher Wetterumsturz werden unter Tieren durch ganz spezielle Warnzeichen mitgeteilt.

Auch der Mensch hat zahllose Arten von Signalen erdacht, um die komplizierten Abläufe der modernen Technik einigermaßen reibungslos abwickeln zu können. Sie kennen Sie, wir brauchen die vielen Zeichen im Bahn- und Straßenverkehr, in der Luftfahrt und der Seeschiffahrt, im Nachrichtenwesen und im militärischen Bereich nicht aufzuzählen. Nur für die Verständigung zwischen Frau und Mann ist außer dem Ehering kein Signal erfunden worden.

Wie viele Männer, die auf der Suche nach der Frau fürs Leben in den Straßen und in Lokalen Ausschau halten, würden aufatmen, wenn es ein solches Signal gäbe, und wäre es noch so winzig. Wenn sie unterscheiden könnten, ob sich die Frau, die gerade dort aus dem Supermarkt tritt und genau ihr Typ ist, bereits irgendwie gebunden fühlt. Oder ob sie noch frei ist und selbst einen lieben Partner finden möchte.

Natürlich können wir uns kein Plakat mit der Aufschrift »Suche Mann« umhängen. Aber ein verstecktes »grünes Licht« irgendeiner Art, und wäre es noch so minimal, wäre von enormem Nutzen für uns Frauen. Ein oder zwei kleine, unscheinbare Zeichen, die jedem I h r e r Männer ermöglichen, Sie als diejenige zu erkennen, die möglicherweise für eine Partnerschaft mit ihm bereit wäre. Liebe Freundin: Diese zwei unscheinbaren Zeichen gibt es! Und wir werden noch hoch erfreut sein, daß sie uns zur Verfügung stehen.

Ich will Ihnen gleich einmal Signal Nummer eins beschreiben: Dazu rufen wir uns die Begebenheit mit Laura, von der alle Männer schwärmten, ins Gedächtnis zurück. Dort haben wir erfahren, was Männer bei einer Begegnung mit einer Frau wie Laura empfinden. Mein Co-Autor sagte wörtlich: »Sie schielte, und zwar sehr stark. Aber sie hatte das netteste Lächeln, das ich je gesehen habe, und es ging so viel Charme von ihr aus, daß man sich sofort zu ihr hingezogen fühlte.« Nun stellen wir uns eine andere Frau vor, die auch schielt und sich einbildet, sie würde deshalb von Männern gemieden. Sie wird alle ihre Mißerfolge dem Schielen zuschreiben und sich Männern gegenüber ganz automatisch falsch verhalten. Ihre Ausstrahlung wird von den Männern sofort als unangenehm, als negativ empfunden, doch es dürfte sehr schwer sein, dieser Frau klarzumachen, daß ihr Schielen gar nichts mit ihren Fehlschlägen zu tun hat.
Glücklichsein und Glücklichmachen beruhen auf einer Ausstrahlung, die von innen heraus wirkt. Es ist ein seelischer Zustand, der sich ausbreitet und auf andere übergreift. Eigenartigerweise fühlen Männer, selbst jene, die uns primitiv, plump oder unbeholfen vorkommen, ganz instinktiv, ob eine Frau diese glückliche Ausstrahlung hat oder nicht. So erklärt sich auch, daß manche schöne Frau von Männern links

liegengelassen wird, während eine andere, an der wir Frauen gar nichts Besonderes finden, die Männer fasziniert.

Diese glückspendende seelische Ausstrahlung, die oft auch mit dem Wort »Charme« bezeichnet wird, können wir uns anerziehen, sofern sie uns nicht angeboren ist!

Ein liebes Lächeln voll positiver Ausstrahlung
bewirkt beim Mann,
daß er die Schönheitsfehler,
derentwegen sich Frauen grämen,
nicht mehr wahrnimmt.

Machen wir also ein Experiment, eine ganz bestimmte Übung! Dazu gehen wir schon gleich morgen mit einer anderen Einstellung an die Männer heran. Zunächst betrachten wir jeden anständig erscheinenden Mann, der in unsere Nähe kommt, genau. Dann untersuchen wir ihn im Geiste darauf hin, ob er vielleicht zu jenen gehören könnte, die insgeheim auf eine Frau wie uns warten. Wir testen ihn kurz, indem wir ihm eine Sekunde zulächeln und voller Wärme in die Augen schauen, so als ob er der einzige Mann wäre, den es für uns auf der Welt gibt. Ist es ein Bekannter, der uns die Hand reicht, so dehnen wir diese eine Sekunde auf zwei oder drei aus. Dabei achten wir genau darauf, wie er reagiert. Ob es ihm peinlich ist, ob er verlegen wird oder ob er nun ebenfalls in irgendeiner Weise ein kleines Zeichen seiner Zuneigung erkennen läßt.

Werfen Sie Ihre Scheu über Bord! Auch wenn er nicht zu der Gruppe von Männern gehören sollte, die unseren Typ suchen, er wird sich auf alle Fälle geschmeichelt fühlen. Die meisten Männer sind nicht frei von Eitelkeit, auch wenn sie sich den Anschein von Lockerheit zu geben pflegen. Deshalb ist es durchaus möglich, daß dieser Mann, den wir so bewundernd angelächelt haben, unser Lächeln noch über Stunden mit sich herumträgt. War es gar ein Schüchterner, so schenkten wir ihm unter Umständen zum erstenmal das Gefühl, er habe bei Frauen Chancen. Auf jeden Fall wird er uns für eine feinfühlige Frau halten, weil wir – im Gegensatz zu anderen – seinen Wert als Mann erkannt haben.

Sicher fehlt es Ihnen nicht an Gelegenheiten, täglich einem Ihnen passend erscheinenden Mann zu begegnen, um dieses kurze, intensive Ausstrahlungslächeln zu üben. Lächeln Sie von nun an stets, wenn Sie auf einen solchen Mann treffen. Strahlen Sie ihn an, und denken Sie dabei: »Was für ein lieber Mann!« Wenn Sie sehr viel Mut haben, können Sie noch ein dezentes »Hallo« über die Lippen bringen.

Was wir hier tun, ist kein Spiel!
Es ist ein wichtiger Vorgang,
eine Grundbedingung für das Erreichen
unseres Ziels!

Denn nach einiger Zeit wird uns unser Ausstrahlungslächeln in Fleisch und Blut übergegangen sein und so anhaften, als hätten wir es in die Wiege gelegt bekommen.

Sehen wir uns die Funktion positiver Ausstrahlung etwas genauer an. Wir alle kennen das Sprichwort: »Wie es in den Wald hineinschallt, so schallt es heraus.« Es ist ganz klar, daß die innere Einstellung, mit der wir einem anderen Menschen begegnen, ausschlaggebend für den Erfolg einer Begegnung ist.

So können wir zum Beispiel immer wieder feststellen, daß sich viele Leute an Behördenschaltern falsch verhalten. Das lange Warten in der Schlange hat manchen griesgrämig gemacht. Und wenn er endlich an der Reihe ist, faucht er den ebenso mürrischen Beamten erst einmal an. So ist es kein Wunder, wenn dieser Beamte unfreundlich reagiert, nur mit »Ja« oder »Nein« antwortet und sofort »Der nächste bitte!« ruft. Wer möchte es dem Mann verdenken, daß er verdrießlich ist, wenn er täglich mit so vielen mürrischen Leuten zu tun hat?

Nun stellen wir uns den Fall andersherum vor. Stundenlang kamen eine Menge mißmutiger Leute an seinen Schalter und nun erscheint plötzlich eine freundliche Person mit einem netten Lächeln, die ihm einen guten Morgen wünscht und ihn um seinen wertvollen Rat bittet, weil sie in diesen Dingen unbeholfen sei und sich in einer bestimmten Angelegenheit nicht zu helfen wisse. Wir werden erstaunt feststellen, daß derselbe Beamte mit einem Mal gesprächig wird, Formblätter herbeiholt, genau erklärt, wie sie auszufüllen sind und was man tun muß, damit man rascher die Genehmigung bekommt. Und dann werden wir aus allen Wolken fallen, denn beim Verabschieden lächelt dieser mürrische Beamte plötzlich, und zwar so herzlich, wie wir es ihm nie zugetraut hätten.

Auch hierzu ein kleines Erlebnis aus der Welt des Mannes:

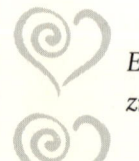

Einem Freund von mir, der Kunstmaler war, ging es finanziell oft ganz miserabel, deshalb versuchte er sich einmal als

Anzeigenvertreter – leider mit den schlechtesten Resultaten in seiner Abteilung. Er war nämlich zu mitfühlend für diesen Beruf. Klagte ein Kunde bei der Erneuerung einer Anzeige darüber, wie teuer sie sei und wie schwer er es ihm falle, das Geld dafür aufzubringen, dann half er ihm, den Text zu kürzen, und zeigte ihm, wie er für weniger Geld eine ebenso wirksame Anzeige haben konnte. So stand er natürlich in der Erfolgsstatistik der Außendienstmitarbeiter seiner Firma an allerletzter Stelle und verlor auch bald darauf seinen Job.

Ein einziges Mal jedoch hatte mein Freund einen umwerfenden Erfolg gehabt, über den seine Kollegen staunten. Alle hatten nämlich schon vergeblich versucht, einen bestimmten Zahnradfabrikanten zu einer Anzeige zu überreden. Doch der Mann war dafür bekannt, daß er jeden Anzeigenvertreter anbrüllte und kurzerhand zur Tür hinauswarf. Da keiner mehr hinzugehen wagte, bekam schließlich mein Freund seine Karteikarte und mußte ihn aufsuchen. Kaum hatte mein Freund sein Büro betreten und gesagt, daß er von einer Anzeigenfirma komme, sprang der Mann wutentbrannt auf und fing zu toben an, beschimpfte ihn als Schwindler und Betrüger und begann laut schreiend aufzuzählen, wen solche Verbrecher schon alles hereingelegt hätten!

Mein Freund wußte nicht, wie es kam, aber der Mann tat ihm plötzlich leid. Er begriff, wie furchtbar schwer sich so einer das Leben machte. Und ganz unwillkürlich lächelte er ihm beruhigend zu und nutzte eine kurze Pause, in welcher der andere Luft holte, um ihm etwas zu sagen. Er sagte ihm, daß er ihn vollkommen verstehe, daß das Leben schwer sei und er sicher in solch einem Betrieb tagtäglich eine Menge Aufregung und Ärger durchmachen müsse. Und er fügte hinzu, daß er sich *einfach nicht vorstellen könne, wie jemand ganz allein die Führung eines so gewaltigen Unternehmens bewältigt!*

Einen Augenblick lang war der andere verblüfft, dann änderte er schlagartig seinen Tonfall. Er spürte, daß mein Freund das, was er sagte, ehrlich meinte. Und nach einem Seufzer bemerkte der Mann mit völlig ruhiger Stimme: »Ja, da haben Sie recht, es ist zum Haareausreißen! Sehen Sie, ich hab' mit einer einzigen Maschine in einem Schuppen angefangen. Sie steht noch in der Halle. Kommen Sie, ich zeig' sie Ihnen!«

Und nun führte er meinen Freund zwei Stunden lang in seinem Werk herum. Er erzählte ihm, wie er seinen Betrieb nach und nach vergrößert hatte, daß an dem Tag, an dem er diese Maschine dort erwarb, seine Frau einen Sohn gebar, daß bei jener Maschine mit der Serienproduktion begonnen worden war, welche Schwierigkeiten er mit den Banken gehabt und was ihm sonst noch alles widerfahren war. Zum Schluß bat er meinen Freund noch mal in sein Büro, schenkte ihm ein Glas Cognac ein und gab eine Anzeige für mehrere tausend Euro auf.

Auch dieses Beispiel zeigt die Macht positiver Ausstrahlung und wie diese bei zwischenmenschlichen Beziehungen Wunder wirkt, die man kaum für möglich hält. Natürlich ist es nicht das Lächeln allein, welches dieses Wunder vollbringt. Die positive Ausstrahlung besteht auch noch aus anderen Wirkstoffen: aus der aufrichtigen Hinwendung und dem Sich-Hineinfühlen in die Welt des anderen. Man hat eine Vorleistung an Wohlwollen zu erbringen, ohne Garantie und Hintergedanken.

In den Straßen von London ist es mir schon einige Male passiert, daß mir eine völlig fremde Passantin im Vorbeigehen zunickte, mich anlächelte und »Nice weather, isn't it?« sagte. Es ging dabei nicht um das Wetter. Nein, sie wollte mir etwas ganz anderes zu verstehen geben: nämlich, daß ich mich in dieser riesigen Neunmillionenstadt nicht einsam zu fühlen brauche.

Ich wage sogar zu behaupten, daß jemand, der sein Leben lang durch die Straßen zöge und allen Menschen, denen es schlecht geht, ein tröstendes Lächeln schenkte, durchaus berechtigt wäre, vom Papst die Seligsprechung zu erlangen.

Positive Ausstrahlung ist ein kostbares Geschenk, das uns nichts kostet.
Ein reiner Akt der Wohltätigkeit!

Nun muß ich Sie zu einer wichtigen Erkenntnis führen, liebe Freundin! Nämlich, daß in den Beziehungen zwischen Mann und Frau diese Art liebevollen Fluidums eine Schlüsselrolle spielt. Es entscheidet über alle späteren Entwicklungen. Alles hängt davon ab, ob im Bahnwärterhäuschen unserer Seele die Weichen auf positive Ausstrahlung gestellt sind. Denn nur dann fährt der Zug unseres Lebens dorthin, wo das Glück zu Hause ist.

Es bringt also wirklich etwas, unser warmherziges Lächeln zu üben. Denn nur so können wir dem Mann, den wir uns ausgesucht haben, ein Signal geben. Er wird unseren Funkspruch verstehen und über mehrere Dinge informiert sein, die wir ihm auf andere Art nicht mitteilen könnten. Nämlich daß wir keine Männerfeindin sind. Daß unser Herz noch frei ist und wir gern einen Mann kennenlernen würden. Und auch, daß er uns irgendwie gefällt und wir uns durchaus freuen würden, seine Bekanntschaft zu machen.

Unser Lächeln wird nur den beeindrucken, dem wir für einen kurzen Moment in die Augen blicken. Das hat nichts mit dem koketten Augenzwinkern des leichten Mädchens an der Straßenecke zu tun, das ein geschäftliches Ziel erreichen will.

Nun gibt es noch eine zweite unscheinbare Möglichkeit, der Männerwelt grünes Licht anzuzeigen. Sie ist altbekannt, ganz einfach, ganz alltäglich – und besteht in der Anordnung unseres Schmucks.

Sicher stimmt es, daß der Mann an der eigenen Frau gern kostbare Schmuckstücke sieht. Er findet, daß es seine Frau verschönert und außerdem seine Kaufkraft und Großzügigkeit beweist, wenn sie Gold, Silber, Perlen oder Edelsteine trägt. Sehr eigenartig und verstandesmäßig schwer zu erfassen ist jedoch die vielen Frauen unbekannte Tatsache, daß Männer beim Anblick von kostbarem Schmuck an einer f r e m d e n Frau Unbehagen empfinden. Es gibt eigentlich keine plausible Erklärung dafür. Man könnte zwar behaupten, es hätte etwas mit der Angst zu tun, daß eine mit zu teurem Schmuck behängte Frau dem Mann zu große finanzielle Opfer abverlangen könnte. Aber auch das dürfte es nicht sein, und zwar deswegen, weil das gleiche Unbehagen auch bei finanziell gutgestellten Männern auftritt.

Ich rate Ihnen deshalb: Verwenden Sie – solange Sie nicht

verheiratet sind – immer nur wenige Stücke als Schmuck.
Und vor allem:

Tragen Sie nie einen einzelnen Ring am Ringfinger!

Ein einzelner Ring am Ringfinger einer Frau, für die sich ein
Mann interessiert, macht ihm wenig Freude. Auch wenn der
Ring nicht glatt, sondern mit einem Stein besetzt ist. Beim
Anblick eines solchen Ringes streifen sofort negative Gedan-
ken durch das männliche Gehirn. Wie zum Beispiel: »Diese
Frau ist schon vergeben! Bei der habe ich keine Chancen, sie
trägt bereits einen Verlobungsring.«

Für Männer ist jeder Ring am Ringfinger einer unbekannten Frau ein Verlobungsring!

Ich weiß natürlich, daß es sich bei diesen zwei Möglichkeiten, Signale zu setzen, nur um kleine, unscheinbare Zeichen
handelt. Aber es sind die einzigen, die eine Frau nutzen kann,
ohne ihr Selbstwertgefühl zu verlieren. Es geht auch hier –
wie bei allen Zielen – nicht um die Höhe der Dosierung,
sondern um die Konsequenz der kleinen Schritte.
Verstehen Sie mich bitte recht: Es handelt sich im Augenblick nur um eine Ü b u n g ! Noch zielen wir nicht darauf
ab, einen ernsthaften Kontakt herzustellen. Das werden wir
erst im neunten Kapitel tun, wo wir uns ausführlich über
Anbahnungsmethoden unterhalten werden. Zu diesem Zeitpunkt allerdings können unsere beiden Grünsignale unter
Umständen eine geradezu schicksalhafte Bedeutung erlan-

gen. Um Ihnen das schon jetzt begreiflich zu machen, wollen wir wieder ein Vorkommnis aus dem Freundeskreis meines Co-Autors unter die Lupe nehmen. Was er erzählt, ist kein Einzelfall, glauben Sie mir! Nein, es ist ein Beispiel unter tausenden! Lesen Sie bitte aufmerksam, was uns Simon Schott erzählt:

Eines Tages traf ich zufällig im Abteil eines Intercity-Zuges einen alten Freund, den ich lange nicht gesehen hatte. Uns beiden stand eine weite Reise bevor – mein Freund mußte zu einem Ärztekongreß – und es befand sich niemand sonst im Abteil, also begannen wir uns angeregt über alles mögliche zu unterhalten. Dabei erzählte er mir, daß er vor drei Jahren seine Frau in einem Intercity kennengelernt und sich dabei ungeschickter als ein Primaner angestellt habe. Es wunderte mich, das zu hören, denn er war ein äußerst geschickter Kinderarzt und wußte hervorragend mit Menschen umzugehen. Hier nun sein Erlebnis, wie er es mir beschrieb:
»Es war zwei Tage vor Weihnachten. Da Glatteis auf den Straßen lag, nahm ich den Intercity, um meine Mutter zu besuchen. Der Zug war stark besetzt, und erst im letzten Wagen fand ich ein Abteil, in dem nur zwei Personen saßen. Draußen schneite es, und der Abend sank bereits auf die winterliche Landschaft, die vor dem Fenster vorüberzog. Auf den Plätzen mir gegenüber unterhielt sich eine alte Dame mit ihrer jungen Begleiterin, während ich in einem medizinischen Fachjournal blätterte.
Ich konnte mich nicht richtig konzentrieren, denn meine Blicke schweiften immer wieder zu der jungen Frau, die eine rätselhafte Faszination auf mich ausübte. Sie war nicht das,

was man hübsch nennt. Aber das Tizianrot ihres Haars, ihre milchweiße Haut und ihre Figur entsprachen genau meinen geheimsten Wünschen in bezug auf Frauen. Ohne es mir anmerken zu lassen, lauschte ich aufmerksam dem Gespräch der beiden Frauen.

Die alte Dame empfand anscheinend große Angst vor irgendeiner Veränderung in ihrem Leben, die in nächster Zeit bevorstand. Ihre junge Begleiterin, welche nicht ihre Tochter, sondern eher eine Bekannte zu sein schien, redete mit unendlicher Liebe und mit dem allerherzlichsten Wohlwollen auf sie ein, hielt und streichelte ihre Hand und versprach, zum fraglichen Zeitpunkt freizunehmen, um bei ihr zu sein. Schon nach kurzer Zeit war die alte Dame vollkommen beruhigt und vor Dankbarkeit fast den Tränen nahe. ›Du bist so gut zu allen‹, sagte sie zu der jungen Frau. ›Du bist der gütigste Mensch, der mir in meinem langen Leben begegnete. Und ich kenne dich nun schon seit du ein Baby warst.‹

Mit einem Schlag wurde mir klar, daß ich der Frau meines Lebens gegenübersaß. Ich stellte mir vor, wie sie in meiner Praxis aus und ein ging und in ihrer liebevollen Art Kinder beruhigte, die Angst hatten. Ich stellte mir vor, wie wir Hand in Hand im Garten saßen oder wie ich sie nachts in meinen Armen hielt. Schließlich wurden meine Gedankengänge jäh unterbrochen, als ich bemerkte, daß der Zug das Tempo verlangsamt hatte und in einen Bahnhof einfuhr. Die beiden erhoben sich unvermittelt. Sie hatten kein Gepäck, sondern jede nur eine Handtasche, und verließen rasch das Abteil. Der Zug hielt nur sehr kurz, bevor er wieder anfuhr. Mein Schrecken wandelte sich in Erleichterung, als die junge Frau ins Abteil zurückkehrte. Nur die alte Dame war ausgestiegen.

 *Nun wäre es das Einfachste der Welt gewesen, mit ihr ein Gespräch zu beginnen, mich vorzustellen und ihr von meinem Beruf zu erzählen. Worauf bestimmt auch sie mir Näheres über sich mitgeteilt hätte. Aber nein, ich saß nur da und dachte und überlegte und grübelte. Es ist mir heute noch schleierhaft, warum plötzlich jeglicher Mut von mir gewichen war. Mit einem Mal schien sie mir so unnahbar, so ernst, so verschlossen. Auch kam mir erst jetzt ihre elegante Kleidung zu Bewußtsein, während ich – wie immer auf Bahnreisen – nur eine alte Cordhose, einen Rollkragenpulli angezogen und einen bequemen Parka mitgenommen hatte. Dann fiel mir ein, daß eine wunderbare Frau wie sie ganz sicher schon an einen Mann gebunden war. Ich blickte auf die Hand, welche das Buch hielt, in dem sie las. Sie trug zwei Ringe, davon einen am Ringfinger. Es war ein glatter Goldring mit einem hübschen Stein. Das genügte, um mir einzureden, sie wäre fest liiert und es hätte keinen Zweck, sie anzusprechen. Ich würde mir nur einen mitleidigen Blick einhandeln.*

Von einem Augenblick zum anderen kam zu meinem katastrophalen Fehlverhalten noch ein weiterer unglücklicher Umstand. Die Tür des Abteils ging auf, und zwei Frauen mit drei Kindern kamen herein, verstauten ihre Koffer und Taschen, machten es sich bequem und begannen, Essen auszupacken. Vermutlich waren auch sie durch viele Waggons gewandert, ehe sie dieses Abteil entdeckten, in dem sich noch Platz für sie alle befand. Nun verging eine Viertelstunde. Wie in einem Alptraum wiederholte sich plötzlich jene Szene, die ich schon einmal erlebt hatte: Der Zug hatte sein Tempo verlangsamt, fuhr in einen Bahnhof ein. Die junge Frau verstaute ihr Buch in ihrer Handtasche,

nickte allen Insassen des Abteils zu und verließ es, ehe ich irgend etwas tun konnte.

Der Intercity hielt, Lautsprecher quakten, und ich saß wie gelähmt auf meinem Platz. Schließlich sprang ich auf und eilte den Gang entlang auf den Einstieg zu. Sie stand noch auf dem Bahnsteig, keine drei Meter von mir entfernt, um ihre Handtasche zu durchsuchen und Handschuhe hervorzuholen. Dann hob sie den Blick und sah mich im Türrahmen stehen. Und nun geschah das Wunder, das mein Leben veränderte: Sie lächelte mir so lieb und herzlich zu, daß auch ich glücklich zu lächeln begann. Und während die Tür, die uns trennte, langsam zuglitt, rief sie ›Frohe Weihnachten!‹ und ich rief ›Frohe Weihnachten!‹ zurück. Der Zug fuhr an, ich warf ihr eine Kußhand zu, und sie warf mir eine zurück. Dann entschwand sie aus meinem Gesichtskreis.

Für einige Sekunden war ich der glücklichste Mensch auf der Welt. Doch dann setzte mein Verstand wieder ein, und ich begriff, daß so gut wie keine Chance bestand, diese Frau jemals wiederzusehen. Im ersten Moment dachte ich allen Ernstes daran, die Notbremse zu ziehen. Aber der Zug hatte bereits erhöhte Geschwindigkeit aufgenommen, und bis er zum Stehen kommen würde, wäre er mindestens vier Kilometer vom Bahnhof entfernt. Ich müßte dann eine Stunde im Schnee an den Geleisen entlang zurückmarschieren, und meine Traumfrau wäre längst über alle Berge. Also lief ich zu meinem Abteil, um an der Reservierungstafel über der Tür nachzusehen, ob die alte Dame und ihre Begleiterin Plätze reserviert hatten. Dann hätte ich vielleicht bei der Reservierungszentrale ihre Namen erfahren können. Aber die Reservierungstafel war leer.

Nun folgten Tage und Wochen, in denen ich fast ohne
Unterbrechung an die junge Frau denken mußte. Es ist kaum
zu glauben, daß ein Mann, der die Vierzig überschritten hat,
sich noch mit solcher Intensität zu verlieben vermag. Ich machte
verzweifelte Versuche, sie wiederzufinden, gab Anzeigen auf,
fuhr jedes Wochenende zu den beiden Bahnstationen, quartier-
te mich in Hotels der beiden Städte ein, lief die Straßen auf und
ab, fragte in Geschäften nach einer jungen Frau mit tizian-
rotem Haar. Alles umsonst! Sie war nicht mehr aufzufinden!
Schließlich gab ich meine private Suche auf und beauftragte
ein namhaftes Detektivbüro. Ich zahlte Vorschüsse und Spe-
sen und bekam laufend Rechnungen. Doch der Erfolg blieb
aus. Jede Hoffnung, sie wiederzusehen, schwand dahin. Aber
Detektivbüros sind hartnäckig. Sieben Monate nach meiner
Begegnung mit ihr im Intercity klingelte an einem Montag-
abend um neun das Telefon. Eine sehr sympathische Frauen-
stimme, die mir bekannt vorkam, sagte:
›Hallo, lieber Doktor. Ist es wirklich wahr, daß Sie mich all die
Monate verzweifelt gesucht haben? Auch ich mußte immer
wieder an Sie denken. Warum haben Sie mich bloß im Zug
nicht angesprochen? Ich hatte sehnsüchtig darauf gewartet!‹
Das ist die Geschichte, wie ich zu meiner Frau kam. Wir
haben bald geheiratet und sind unglaublich glücklich. Es gäbe
keine bessere Frau für mich. Und sie liebt mich ebenso.«
Damit schloß mein Freund seinen Bericht über sein eigenar-
tiges Erlebnis im Intercity zur Weihnachtszeit vor drei Jahren.

Ja, meine liebe Freundin, es ist für uns Frauen beinahe unvor-
stellbar, daß ein gutaussehender, im Leben sehr gewandter
und im Beruf äußerst cleverer Mann sich plötzlich derma-

ßen linkisch benimmt, wenn er die Frau seines Lebens entdeckt. Die junge Dame, die mittlerweile Frau dieses Kinderarztes ist, wartete ja nur darauf, angesprochen zu werden. Aber statt ein paar belanglose Worte zu sagen, um ein Gespräch in Gang zu bringen, sitzt er wie gelähmt da, bis es zu spät ist, verschenkt damit sieben glückliche Monate seines Lebens und zahlt achtzehntausend Euro an ein Detektivinstitut, um sie wiederzufinden!

Nun stellen wir uns die Frage: Was hat eigentlich sein Fehlverhalten verschuldet? Wie hätte es vermieden werden können? ... Das hätte auf die allereinfachste Art geschehen können, nämlich indem die junge Frau, die ihm gegenübersaß, ihm Signale gefunkt, ihm zwei kleine Zeichen gesetzt hätte! Woher sollte er wissen, daß sie – die für ihn so Bezaubernde – noch frei war? Wie hätte er erraten können, daß sie ihn sympathisch fand und nur darauf wartete, von ihm angesprochen zu werden, wo sie doch nur dasaß und mit todernster Miene in einem Buch las? Hätte sie ihren Ringfinger von Schmuck frei gehalten und dem Mann zu irgendeinem Zeitpunkt kurz ein warmes Lächeln geschenkt, dann wären die beiden schon von jenem Moment an ein Liebespaar geworden, und die sieben Monate lange dramatische Suchaktion wäre ihnen erspart geblieben. Es ist so einfach!

Dieser Blackout, diese beinahe starreähnliche Lähmung tritt häufig dann bei Männern auf, wenn sie plötzlich jener noch unbekannten Frau gegenüberstehen, welche die Vorsehung für sie ausgewählt hat. Nur das Signal des weiblichen Ausstrahlungslächelns ist dann in der Lage, den Mann aus dieser Art Hypnose zu befreien, damit er einen Kontakt anbahnen kann. Diese Hemmung befällt viele Arten von Männern, auch die weisesten, die geschicktesten, selbst die ansonsten im Umgang mit Frauen erfahrensten. Und ob Sie es glauben oder nicht, solche Anfälle kommen bei der Spezies Mann weltweit tausendmal am Tag vor – nur bemerkt es niemand. So stand zum Beispiel in einer Ausgabe der Münchner Boulevardzeitung TZ ein Bericht über einen jungen Amerikaner, der sich nicht getraut hatte, in der U-Bahn seine Traumfrau nach ihrem Namen zu fragen, und wie gelähmt zusah, wie sie sich im Ausgang von ihm entfernte, in einen Bus stieg und für immer verschwand. Daraufhin ließ er vom Zeichner des Landeskriminalamts ein Phantombild anfertigen und in den Medien verbreiten, um sie wiederzufinden.

Dieses männliche Fehlverhalten bei der ersten Begegnung mit jener Frau, von welcher der Betreffende glaubt, daß sie seine Traumfrau ist, und die möglicherweise tatsächlich die Partnerin ist, die ihm die Vorsehung geschickt hat, dieses Fehlverhalten kommt immer wieder und überall vor. Doch wird es nicht bemerkt, weil so gut wie niemand hinterher zum Kriminalamt geht oder einen Detektiv beauftragt.

Neben dem Artikel wurde auch ein Photo des jungen Mannes gezeigt, und ich will versuchen, Ihnen meinen Eindruck zu schildern. Er sah sehr gut aus, sympathisch, intelligent. Er war ein New Yorker Anlageberater, knapp dreißig. Wer in dieser Weltstadt und in diesem Beruf inmitten erdrückender Konkurrenz überleben will, muß hoch begabt sein, aber auch knallhart und reaktionsschnell. Und vor allem muß er außerordentlich geschickt reden können, um als Anlageberater Aufträge hereinzubekommen. Dieser gewandte und sympathische Amerikaner war also genau der Typ, dem man in puncto Findigkeit alles zutrauen konnte – nur nicht, daß ihm

plötzlich keine Worte einfallen würden, um ein junges Mädchen nach dessen Namen zu fragen. Ja, es ist unglaublich! Und trotzdem geschieht so etwas immer wieder, in allen Ländern der Welt. Dabei hätte schon ein sekundenbruchteilkurzes Lächeln des ungeschminkten Mädchens in der gelben Bluse genügt, um dem jungen Mann die Sprache zurückzugeben.

Ich kann uns Frauen nur immer wieder ans Herz legen, unsere zwei kleinen Möglichkeiten, Signal zu geben, auch voll zu nutzen! Es ist doch kinderleicht, sie zu beherzigen. Und von den kleinen, unscheinbaren Dingen im Leben hängt fast immer das Große, Schicksalhafte ab!

Ich gebe Signal.

Haben Sie noch etwas Geduld, liebe Freundin! Eines schönen Tages in naher Zukunft wird Ihnen ganz plötzlich der Mann gegenüberstehen, den Ihnen der Kosmos geschickt hat, um Ihnen ein glückliches Leben zu zweit zu ermöglichen. Sie werden dann sehr froh sein, daß Sie gelernt haben, ihm ein Signal zu senden.

Bis dahin ersuche ich Sie wieder, täglich vor dem Einschlafen Ihren Wunsch zu visualisieren. Stellen sie sich vor, daß Sie nicht mehr allein auf Ihrer Parkbank sitzen. Neben Ihnen befindet sich Ihr Partner fürs Leben, der schützend Ihre Hand hält. Geben Sie ihm kein bestimmtes Gesicht, nehmen Sie nur die Silhouette seiner ständigen, liebevollen Anwesenheit wahr. Vergessen Sie dies bitte an keinem Abend, und zwar so lange, bis Sie Ihr Ziel erreicht haben, liebe Freundin, nämlich die überaus hilfreichen Kräfte Ihres Unterbewußtseins zu nutzen!

Alles verstehen heißt alles verzeihen.

Madame de Staël (1766–1817)

3. Kapitel

Der Mann von innen

Liebe Freundin, Männer sind kompliziertere Wesen, als man vermutet. Sie beherrschen sämtliche Arten von Verschleierungstaktik in Perfektion, also gerade jene Dinge, die zu Unrecht uns Frauen nachgesagt werden. Schauen wir einmal hinter die Kulissen der gepriesenen Männlichkeit!

Die Filmindustrie verdient Milliarden mit der Verfilmung von Illusionen. Denn man kann gut verstehen, daß die meisten Leute nicht ins Kino gehen oder sich vor den Fernsehschirm setzen, um die nackte Wirklichkeit zu erleben. Die kennen wir alle zur Genüge. Wenn wir dabei jetzt ganz speziell die Millionen männlicher Zuschauer auf einmal sehen könnten, die jeden Abend den Ablauf eines Western oder Agentenfilms gespannt auf dem Fernsehschirm verfolgen, so würden wir uns fragen: Warum ist gerade diese Art Märchen bei Männern so beliebt? Es ist, weil der männliche Zuschauer hier sein Lieblingsmärchen erlebt: ... d a s M ä r c h e n
v o m s t a r k e n M a n n !

Wie kommt es, daß Männer nicht das Privileg bekamen, überall ganz offen Angst zu zeigen? Daß sie von Natur aus programmiert wurden, den starken Mann zu spielen? Da haben wir Frauen es besser. Jeder weiß, daß wir furchtsam sind, und wir müssen nicht dauernd Anstrengungen unternehmen, unseren Mut zu beweisen. Ja, manche von uns nutzen dieses allgemeine Wissen um unsere Schwäche auch noch, indem sie in einer heiklen Situation in Tränen ausbrechen – früher fielen Frauen deshalb sogar graziös in Ohnmacht. Der Mann hat es nicht so leicht! Es wäre sicher interessant, zu erfahren, woher das kommt.

Um dieses Phänomen zu begreifen, müssen wir die Geschichte der Menschheit weit zurückverfolgen. Und zwar bis ins Paläolithikum, die Altsteinzeit, wo der Mensch seine Waffen, Werkzeuge und Gebrauchsgegenstände aus Stein fertigte, in Rudeln umherzog und in Höhlen hauste. Damals ging es um nichts anderes als ums blanke Überleben. Das erforderte drastische Regeln und strengste Arbeitsteilung zwischen Mann und Frau.

Die Männer stellten die Anführer der Gruppe. Mit ihren Keulen und steinernen Speerspitzen hielten sie dem Rudel wilde Raubtiere vom Leib, kämpften mit rivalisierenden Horden und zwangen sie zur Flucht, erlegten die Beutetiere, die als Nahrung benötigt wurden. Die Frauen hüteten die Feuerstelle, bereiteten die Speisen, fertigten Kleidungsstücke und Lagerstätten aus den Fellen, behandelten die Verwundeten und kümmerten sich um die Kinder.

In dieser lebensbedrohenden Szenerie bestand also die Hauptaufgabe der Männer darin, das Rudel vor den mannigfaltigen Gefahren zu schützen, die Tag und Nacht ringsherum lauerten. Da mußte jeder seinen ganzen Mann stehen, ohne jegliches Zögern. Für alle Männer hieß das oberste Gesetz, um zu überleben: Niemals Furcht zeigen! Wer auch nur für einen kurzen Moment Angst aufkommen ließ – sei es beim wilden Ansturm einer feindlichen Horde oder beim gefährlichen Ringkampf mit einem Bären –, der war verloren! Aber geradezu katastrophal wären die Folgen gewesen, wenn die Frauen und Kinder in einer lebensgefährlichen Situation bei ihren Männern Anzeichen von Furcht entdeckt hätten! Dann wäre eine entsetzliche Panik ausgebrochen: Die ganze Sippe wäre umgekommen! Aus dieser Zeit stammt also das Grundmuster männlicher Verhaltensweisen, demzufolge Männer grundsätzlich ihre Ängste zu verbergen haben.

Kommen wir nun zu der Form von verborgenem Mangel an Mut, welche uns am meisten interessiert. Nämlich die Befürchtung einer Abfuhr, die ihnen eine Frau erteilen könnte. Nach außen hin zeigen Männer diese Unsicherheit so gut wie nie, so daß wir sie nicht bemerken können.

Manchen von uns ist es schon passiert, daß uns im Bus ein Mann gegenübersaß, der uns mit finsterer Miene anstarrte. Er hatte keine feindseligen Gefühle. Im Gegenteil, er war so angetan von uns, daß er angestrengt nach einem Satz suchte, mit dem er uns hätte ansprechen können. Aber dann wagte er es nicht, weil Leute um ihn herumsaßen. Er fürchtete, wir könnten ihn öffentlich blamieren. Es kann ohne weiteres sein, daß dieser Mann früher schon einmal von einer resoluten Frau in aller Öffentlichkeit abgekanzelt worden war, als er in ehrlichster Absicht einen Annäherungsversuch gestartet hatte. Das kann durchaus der Grund sein, weshalb er sich uns gegenüber im Bus so finster gab.

Ja, viele Männer, mindestens die Hälfte von ihnen, verstehen es meisterhaft, ihre Befürchtung vor der Abfuhr hinter irgendeiner Maske zu verbergen. Manche machen auf zynisch, um den Anschein ihrer Überlegenheit intakt zu halten. So wird es keine Frau fertigbringen, sie zu blamieren. Andere wenden den Trick des Einsamen, des Schweigsamen, des Einsiedlers an, der seine Ruhe haben möchte, der sich überhaupt nicht für Frauen interessiert. Der burschikose Typ wiederum macht genau das Gegenteil. Er verbirgt seine Hemmungen, indem er eine Zurückweisung herausfordert und lacht, wenn er eine solche kassiert. Er spricht gleich das nächste Mädchen an und startet einen Kußversuch, um sich einzureden, daß er ein Frauenheld sei! Er beabsichtigt gar nicht, aus einem echten Gefühl der Zuneigung heraus ein bestimmtes Mädchen zu erobern. Nein, ihm geht es nur darum, sich selbst etwas zu beweisen.

Wir haben nun gelernt, daß Männer häufig den starken Mann nur spielen, daß der männliche Stolz sehr verletzlich ist und daß sie davor zurückschrecken, von einer Frau in der Öffentlichkeit lächerlich gemacht zu werden. Und um dies zu vermeiden, legen sie sich gewisse Allüren zu. Es gibt also viele, die nur aus einer solchen Pose heraus nach der Frau fürs Leben Ausschau halten. Mit anderen Worten:

Wir dürfen uns nicht um ihre Posen kümmern,
wenn wir Signal geben.
Viele Männer reagieren nicht,
ehe sie nicht absolut sicher sind,
daß sie grünes Licht bekommen haben.

Denken wir noch mal kurz an den Mann im Bus, der so finster dreinblickte. Vielleicht war er unser idealer Partner: treu, klug, besorgt, zärtlich – derjenige, auf den wir schon lange warteten. Wäre er uns später begegnet, wenn uns auch die restlichen Ratschläge dieses Buches zur Verfügung gestanden hätten, so würde ihm unser freundliches Lächeln klargemacht haben, daß wir gerne mit ihm in Kontakt gekommen wären. Und nachdem kein Ring an unserem Ringfinger gesteckt hätte, wäre es sicher zu einem Gespräch mit ihm gekommen, und wir hätten ihn näher kennenlernen können. Dies ist der Grund, warum wir unser Ausstrahlungssignal fleißig an allen korrekt erscheinenden Männern üben soll-

ten, ohne uns um irgendwelche Posen zu kümmern. Denn wenn wir uns davon abschrecken ließen, würden wir uns wahrscheinlich nie entschließen können, unser Lächeln einzusetzen.

Natürlich verstehe ich sehr gut, wenn es dieser oder jener von uns widerstrebt, wildfremde Männer anzulächeln. Eine feinfühlende, zurückhaltende oder schüchterne Frau kostet es womöglich ein starkes Maß an Überwindung. Aber wir wollen ein Ziel erreichen, und dazu müssen wir diese Überwindung aufbringen. Nun könnte man noch einwenden, daß es unter Umständen nicht ungefährlich ist, einem fremden Mann Signale zu geben. Diesen Aspekt sollten wir also gleich einmal untersuchen.

Am Ringfinger keinen Ring zu tragen, kann ja nicht riskant sein. Es geht also nur um unser Lächeln. Wir alle sind klug genug, um beispielsweise Schlägertypen und Betrunkenen aus dem Weg zu gehen, und sicher verfügen wir auch über so viel Menschenkenntnis, daß wir aus der Kleidung und der Art, wie sich ein Mann benimmt, beurteilen können, ob es sich um einen einigermaßen korrekten Menschen handelt. Und vor allem: Wir werden uns ja im augenblicklichen Stadium unter keinen Umständen mit einem dieser Männer einlassen, sondern nur kurz testen, ob er auf unser Signal reagiert. Erst bei unseren späteren, im neunten Kapitel beschriebenen echten Anbahnungsaktionen werden wir dafür genügend vorbereitet sein. Dann werden wir erstaunt feststellen, daß unser Ausstrahlungslächeln dem Mann nicht nur die Furcht vor der Abfuhr nimmt. Es bewirkt auch noch seine Demaskierung! Denn in dem Moment, wo wir ihm grünes Licht gegeben haben und er ungefährdet ins Gespräch

gekommen ist, wird seine Maske überflüssig und fällt. U n -
s e r L ä c h e l n b r i n g t s e i n w a h r e s W e s e n z u t a g e !
Nun könnte man gegen all das hier Gesagte einwenden, daß
diese angebliche Zurückhaltung, die Angst vor der Abfuhr
durch eine Frau, in Wirklichkeit gar nicht existierte, weil sie
nirgendwo bei Männern festzustellen sei. Im Gegenteil, Männer würden heutzutage einen ziemlich forschen Eindruck
machen und ganz schön rangehen.

Zugegeben, das wird uns tatsächlich jedes schicke Mädchen
erzählen, das einigermaßen sexy aussieht. Ist sie nämlich
ausnehmend hübsch und steht sie zum Beispiel als Verkäuferin in einer Boutique, so wird sie zweifellos mehrmals am
Tag von männlichen Kunden auf ihre Schönheit angesprochen und gleich zum Essen eingeladen. Natürlich hat der
Betreffende nicht das Essen zum Ziel, sondern hegt den Hintergedanken, sie möglichst rasch in eine bestimmte Situation zu manövrieren. Er ist nur aufs Amüsieren aus.

Lassen wir uns nicht täuschen! Solche Männer ziehen zwar
alle Blicke auf sich und machen viel Lärm. S i e s t e l l e n
a b e r n u r e i n e u n b e d e u t e n d e M i n d e r h e i t d a r !

Die Wertvollen für uns Frauen
sind nicht die Großsprecher.
Es sind die Ruhigen, Verläßlichen –
und die sind immer nur im Hintergrund
zu finden!

Gerade weil diese Männer uns Frauen respektieren, empfinden sie eine gewisse Scheu vor plumper Anbahnung. Und
daher fallen sie nicht auf.

Lassen wir auch hierzu wieder unseren Experten in den seelischen Geheimnissen der Männerwelt aus der Schule plaudern und uns eine Episode aus dem Leben einer seiner Schutzbefohlenen erzählen:

Bei dem, was eben in diesem Kapitel besprochen wurde, muß ich unwillkürlich an Cornelia denken, die Schwester eines guten Freundes. Da dieser seit kurzem viel in der Welt herumjetten mußte, hatte er mich gebeten, ein wenig auf sie aufzupassen, weil sie in ihrem Leben nie so richtig zurechtkomme. Sie rief mich dann auch jedesmal an, wenn sie ein seelisches Problem hatte; und so lernte ich sie immer besser kennen.

Cornelia war alleinige Verkäuferin in einem kleinen Reformhaus. Der Laden lag in einem riesigen Block des Nobelviertels der Stadt. In diesem Gebäudekomplex befanden sich Büros von mehreren Ministerien, Galerien reicher Kunsthändler, Kanzleien von Staranwälten, Praxen von Prominentenärzten und Dachterrassenwohnungen von Leuten der oberen Gesellschaftsschicht. Deshalb hatte die Besitzerin des Reformhausladens ein breites Sortiment an internationalen Zeitungen, Fachzeitschriften und High-Society-Lektüre dazugenommen, das sehr gut ging. So kam es, daß all diese reichen und vornehmen Männer in Cornelias Laden kamen und dort ihre Zeitungen kauften. Und nun glaubte sie natürlich, es müßte doch zu machen sein, daß einer bei ihr anbeißt.

Cornelia ging bereits auf die Vierzig zu, war nicht groß, etwas üppig, aber hübsch, und hatte ein nettes Wesen. Sie nahm jede kleinste Gelegenheit wahr, mit diesen Kunden näher bekannt zu werden. Sie wollte es um jeden Preis schaffen, im

Eiltempo unter die Haube zu kommen. Das geschah aus einer Art Torschlußpanik heraus, die viele Frauen haben und die ich sehr gut verstehen kann. Sie hatte eben schrecklich Angst, ledig zu bleiben und mit sechzig bei geringem Verdienst und ständig überzogenem Bankkonto immer noch im Laden stehen zu müssen. Alle ihre Freundinnen hatten längst eine gute Partie gemacht, waren bestens versorgt und zeigten ihr gegenüber ständig ausgiebiges Mitleid. So etwas kann sehr frustrierend sein. Dabei war Cornelia kein leichtes Mädchen, sondern von Natur aus grundehrlich und absolut solide.

Am Abend ihres vierzigsten Geburtstags gab sie in ihrer kleinen Wohnung eine Party, bei der reichlich Sekt floß und viel gelacht wurde. Als sich alle verabschiedet hatten, bat sie mich, noch dazubleiben. Wir beide saßen dann allein in ihrer Küche und sie sagte mir, daß dies der schlimmste Tag ihres Lebens sei.

»Wieso denn?« fragte ich erstaunt. »Du warst doch eben noch sehr lustig!«

»Natürlich! Denkst du, ich gebe mir vor allen eine Blöße und fange zu heulen an, damit sie hinter meinem Rücken tuscheln? Aber mein ganzes Leben lang war mein einziger Wunsch gewesen, eine Familie und Kinder zu haben. Was glaubst du, wie man sich fühlt, wenn man vierzig geworden ist und keiner hat einen geheiratet? Alle haben sie schöne Worte geredet in meinem Laden, haben alles mögliche versprochen, mich in die teuersten Restaurants eingeladen und Rosen gekauft. Jeden Tag ein anderer. Ja, sie wollten alle etwas von mir: mich herumkriegen für eine Stunde Abenteuer! Von Heiraten wollten sie nichts wissen. Da haben sie weggehört! ... Was habe ich bloß falsch gemacht? Kannst du mir das sagen?«

»Das ist ganz einfach«, meinte ich, »du hast dir die Verkehr-
ten ausgesucht.«

»Ach, die Männer sind alle gleich! Sie denken nur an das
eine! Damit muß man sich abfinden!« seufzte sie.

»Das stimmt nicht«, widersprach ich. »Es sind nur diejenigen, die sich überall bemerkbar machen. Daneben gibt es
tausend Anständige. An die mußt du dich halten! Kümmere
dich nicht so sehr um die Prominenten, die bei dir ihre
Zeitungen holen. Sieh dir lieber die Reformhauskunden
etwas näher an, die hereinkommen, etwas kaufen, nichts
weiter sagen und wieder gehen. Ich meine die Unauffälligen,
die Ruhigen. Sobald du dich auf die konzentrierst, wirst du
dein Ziel erreichen!«

Und tatsächlich, so geschah es dann auch, wie mir Cornelia
später berichtete. Da ihr Geschäft in einer vornehmen Ge-
gend lag, wo die Leute spät aufstehen, pflegte Cornelia erst
morgens um halb zehn die Ladentür aufzusperren und
anschließend die Hintertür des Geschäfts, welche auf einen
der zahlreichen Innenhöfe führte. Vor dieser Hintertür sta-
pelten sich dann bereits eine Menge Kästen mit frischen
Fruchtsäften, Diabetikerlimonaden und anderen chemie-
freien Erfrischungsgetränken, die angeliefert worden waren.
Da es ziemlich schwere Arbeit bedeutete, sie alle ins Laden-
innere zu schleppen und an verschiedenen Plätzen aufzusta-
peln, wartete sie immer, bis Erwin kam, um seine Vollkorn-
brötchen zu kaufen. Erwin war Brillenträger, groß und stark
und hilfsbereit. Er brauchte nur ein paar Minuten, um alles
an Ort und Stelle zu schaffen.

Sie kannte ihn schon eine Ewigkeit, denn er erschien täglich
in seinem weißen Arbeitskittel, kaufte bei ihr ein, sprach aber

wenig. Sie vermutete, daß er in dem Klempnereibetrieb im zweiten Innenhof angestellt war, hatte ihn aber noch nie danach gefragt. An Weihnachten hatte sie ihm einen Zwanzigeuroschein in die Hand gedrückt, den er nicht annehmen wollte.

»Erwin, Sie müssen ihn nehmen«, hatte sie gesagt, »ich rede sonst kein Wort mehr mit Ihnen. Sie sind immer so lieb zu mir und helfen, wo Sie nur können.«

Seit sich Cornelia angewöhnt hatte, die Reformhauskunden etwas genauer unter die Lupe zu nehmen, tat sie es auch bei Erwin. Dabei fiel ihr auf, daß er sehr gepflegte Hände hatte und daß seine Sprache für einen Klempner erstaunlich kultiviert klang.

Eines Tages sagte sie ihm, bei ihr zu Hause sei der Wasserhahn der Spüle undicht. Und sie fragte, ob er nicht Sonnabend nachmittag zu ihr kommen und ihn reparieren könne. Sie würde ihn natürlich bezahlen und ihm auch Kaffee und Kuchen geben. Worauf Erwin vorbeizuschauen versprach.

Als er mit seinem Werkzeugkasten in der Hand erschien, war Cornelia etwas überrascht. Er trug nämlich einen eleganten Nadelstreifenanzug, eine Krawatte vom letzten Schrei und Schuhe, die nur aus dem teuersten Geschäft stammen konnten. Stillschweigend zog er sein Sakko aus, hängte es über eine Stuhllehne und reparierte in wenigen Minuten den defekten Hahn. Als sie ihn zum Kaffeetisch bat, ihm dankte und ihn fragte, was sie schuldig sei, lächelte er nur und blieb stumm.

»Eigentlich weiß ich gar nichts von Ihnen, Erwin«, sagte sie. »Sie erzählen nie etwas von sich!«

»Sie haben recht«, meinte er ernst geworden und bescheiden. »Ich glaube, ich muß Ihnen nun doch etwas sagen. Und zwar

etwas sehr Bedauerliches. Jedenfalls für mich. Ich werde in nächster Zeit nicht mehr in Ihr Geschäft kommen, weil ich die Stadt verlasse.«

Sie konnte sich nicht erklären, warum, aber es war ein ziemlicher Schock für sie. Sie hatte sich in den letzten Jahren so an ihn und seine freundliche, hilfsbereite Art gewöhnt. Das wurde ihr erst jetzt bewußt.

»Aber Erwin!« rief sie aus. »Das können Sie mir doch nicht antun! Was mache ich nur ohne Sie? ... Müssen Sie denn wirklich woandershin? Können Sie es nicht einrichten, daß Sie in der Stadt bleiben?«

Als er sah, daß sie den Tränen nahe war, schien er sehr bedrückt. »Ich würde ja gern hierbleiben«, erklärte er niedergeschlagen. »Aber Sie müssen verstehen, ich habe seit Jahren auf diese Professur gewartet. Und nun hat man mir meine Ernennung zum Dozenten in einer benachbarten Universitätsstadt mitgeteilt. Ich kann schlecht ablehnen.«

Cornelia blickte ihn verständnislos an. »Wovon sprechen Sie überhaupt?« fragte sie. »Was für eine Professur? Arbeiten Sie denn nicht in der Klempnerei im zweiten Innenhof?«

Er schüttelte den Kopf und meinte: »Aber nein! Ich bin Chefdiplomchemiker im Gesundheitsministerium. Meine vier Laboratorien liegen im fünften Stock des Gebäudes, in dem sich Ihr Laden befindet.« Er nahm ihre Hand und fügte hinzu: »Ich wäre glücklich, wenn Sie mich nicht vergessen würden.«

Wie es weiterging, können Sie sich sicher denken. Cornelia gab bereits zum nächsten Monatsersten ihre Arbeit im Reformgeschäft auf, weil sich Erwin mit ihr verlobt hatte. Sie half tüchtig beim gemeinsamen Umzug in die nachbarliche

Universitätsstadt mit. Fünf Wochen später wurde sie Erwins Frau und gebar ihm mit einundvierzig noch ein gesundes Mädchen.

*Der Mann muß
hinaus ins feindliche
Leben,
muß wirken und
streben
und pflanzen und
schaffen,
erlisten, erraffen,
muß wetten und
wagen,
das Glück zu
erjagen.*
Johann Christoph Friedrich von Schiller
(1759–1805)

4. Kapitel

Männer haben eine Mission

 Liebe Freundin! Wir leben in einer Zeit, in der man mit den heikelsten Themen offen umzugehen pflegt, so daß es keinen Grund gibt, warum wir weghören sollten, wenn über gewisse Dinge gesprochen wird, die zum natürlichen Ablauf des Lebens gehören. Darum bitte ich Sie, auch diesem Kapitel Ihre volle Aufmerksamkeit zu schenken.

Seit Äonen erfüllt die Natur unermüdlich ihre Aufgabe, milliardenfach Leben zu erschaffen und jedes Leben möglichst lange zu erhalten. Zumindest bis es herangereift ist und selbst Nachkommenschaft hervorbringen kann, damit die Spezies nicht ausstirbt. Um das zu erreichen, wendet die Schöpfung fünf Tricks an. Sie ruft fünf Empfindungen in uns hervor, die uns drängen, etwas Bestimmtes zu erledigen. Und sie belohnt uns mit einem angenehmen Gefühl, wenn wir es getan haben.

- Auf den Hunger folgt der Wohlgeschmack der Mahlzeit und das angenehme Sättigungsgefühl. Denn ohne Nahrungsaufnahme wäre kein Stoffwechsel möglich.
- Auf den Durst folgt die erfrischende Wirkung des Getränks. Denn ohne Flüssigkeit würde der Stoffwechsel des Körpers zugrunde gehen.
- Auf die Müdigkeit folgt die erholsame Annehmlichkeit des Schlafs. Denn ohne Schlaf könnten die Zellen nicht erneuert werden.
- Auf die Geburt folgt das Geschenk der Mutterliebe. Denn ohne den mütterlichen Schutz hätte der Säugling keine Überlebenschance.
- Auf den Geschlechtstrieb folgt das erlösende Gefühl der Vereinigung. Denn ohne den Akt wäre das Menschengeschlecht in weniger als einem Jahrhundert ausgelöscht.

Dabei kümmert sich Mutter Natur nicht um irgendwelche vom Menschen ersonnenen ethischen oder moralischen Normen. Sie stellt ihre lebenserhaltenden Forderungen im Befehlston und pflanzt in uns die entsprechenden Instinkte ein, welche uns zwingen, diesen Befehlen zu gehorchen. Diese Forderungen der Natur sind nun aber nicht für Mann und Frau dieselben. Auch hier zeigt sich eine Kluft zwischen dem, was wir Frauen zu tun haben, und dem, was vom Mann verlangt wird.

Betrachten wir gleich einmal eine weitverbreitete Verhaltensweise des Mannes, über die so gut nie gesprochen wird. Ich meine jene schreckliche Angewohnheit vieler Männer, jede sympathische Frau, die zum allererstenmal in ihrem Blickfeld auftaucht, in Gedanken zu entkleiden, zu prüfen, ob sie ihn erregen könnte oder nicht!

Würden wir einen Mann fragen, ob es stimmt, daß er Frauen im Geiste entkleidet, so würde er uns wahrscheinlich erstaunt ansehen und sich erkundigen, wo wir diesen Unsinn gehört hätten. Wir wollen den Männern durchaus zugutehalten, daß dieser Vorgang vielen vielleicht gar nicht richtig zu Bewußtsein kommt, daß es sich mehr um eine Art Reflex handelt.

Mein Co-Autor hat in vielen Unter-vier-Augen-Gesprächen erfahren, daß diese Manie vieler Männer auf dem ganzen Globus verbreitet ist. Und seinen Nachforschungen können wir vertrauen, denn Männer pflegen in vertraulichen Gesprächen unter sich absolut ehrlich zu sein, wenn es um solche Dinge geht.

Normalerweise übt der Mann in den körperlichen Beziehungen den aktiveren Part aus, wir Frauen den passiveren. So will es jedenfalls die Natur. Somit ist der Mann hauptsäch-

lich für das Zustandekommen der Vereinigung verantwortlich. Und aus dieser Rolle heraus wird diese schlimme Angewohnheit vieler Männer auch verständlich. Sehen wir sie
ihnen also nach, denn was sie da tun, gehört in gewissem
Sinne zu ihrem Aufgabenbereich.

So wie der Fisch laichen, der Vogel nisten, die Pflanze blühen
muß, um nicht auszusterben, genauso muß der Mann seine
Gedanken auf den Akt der Fortpflanzung richten, muß ihn
herbeizuführen suchen und muß ihn realisieren, wenn sich
eine Gelegenheit dazu ergibt. D a s   i s t   s e i n e   b i o l o -
g i s c h e   M i s s i o n !

Nun sollten wir überlegen, ob wir aus dem Wissen über diese
Zusammenhänge irgendwelchen Nutzen für unser Vorhaben ziehen können. Dazu müssen wir erst einmal eine wichtige Frage stellen: Welches körperliche Merkmal der Frau
genau ist es denn, auf das der Mann schaut, wenn er uns mit
seinen Blicken untersucht?

Die Antwort ist erstaunlich: Es ist bei jedem etwas anderes!
Wirklich, bei jedem Mann ist es etwas völlig anderes!

*Jede Frau hat irgendein körperliches Merkmal
mitbekommen,
das auf einen bestimmten Typ Mann
als Verlockung wirkt.*

Sie wären erstaunt, wenn Sie wüßten, was das alles sein
kann! Und es ist mir klar, daß es sehr schwer zu glauben ist,
liebe Freundin – wie alles, was das Ausgleichsgesetz der Natur betrifft. Deshalb muß ich wieder meinen Co-Autor bitten, Ihnen doch sein letztes Zusammentreffen mit einem

befreundeten Motorradverkäufer zu schildern. Denn alles, was sich im wirklichen Leben abspielt, zeigt die natürlichen Vorgänge der menschlichen Natur am deutlichsten.

Ich arbeitete damals, wie während mancher Abschnitte meines Lebens, abends nebenbei als Barpianist in irgendeinem Nobelhotel, um Geld dazuzuverdienen. Tagsüber saß ich an meinem Laptop. Es war ganz gut auszuhalten. Nur manchmal hatte ich Rückenschmerzen, die davon herrührten, daß ich viele Stunden in derselben Sitzposition verbrachte. Wenn es gar zu schlimm wurde, pflegte ich Peter D. anzurufen, der Motorradverkäufer war. Auch Peter verdiente sich nämlich noch Geld dazu: Er betätigte sich nebenher als Masseur. Bei den Damen der High-Society war er sehr gefragt, denn er sah gut aus, wirkte diskret und besaß geschickte Hände. Dafür verlangte er dort auch einen gepfefferten Preis für eine Massageeinheit. Bei mir nahm er jedoch nicht viel, weil wir uns gut kannten.

Als ich nach längerer Zeit wieder einmal anrief und um zwanzig Minuten Rückenmassage und eine Fangopackung bat, sagte er, es tue ihm leid, er dürfe nicht mehr massieren.

»Wieso? Was ist passiert?« fragte ich erstaunt. »Hattest du Schwierigkeiten mit den Behörden?«

Er lachte und erwiderte: »Aber nein! Ich habe geheiratet, und meine Frau will nicht, daß ich massiere.«

Das konnte ich mir sehr gut vorstellen. Welche Ehefrau schätzt es schon, wenn ihr Mann an fremden nackten Frauen herumknetet.

»Gratuliere!« rief ich. »Freut mich, daß du es geschafft hast! Besitzt du schon dein eigenes Motorradgeschäft, oder kommt das erst noch?«

Dazu muß ich erklären, daß Peter zwar trotz seiner 45 Jahre durch seine jungenhafte Unbekümmertheit eine Menge Sympathien einheimste, daß ich persönlich aber eine bestimmte Charakterseite an ihm gar nicht schätzte: Durch seinen ständigen Kontakt mit der Schickeria hatte er sich nämlich in manchen Dingen Playboy-Allüren angeeignet. Dazu gehörte die Philosophie, daß man sein Lebensziel am einfachsten erreicht, wenn man ein reiches Mädchen heiratet.

Peters Lebensziel war ein eigenes Motorradgeschäft. Er hatte mir häufig vorgeschwärmt, wie er es einrichten und managen würde. Und welche neuen, umwerfenden Ideen er für den Verkauf und das Marketing entwickelt habe. Sein eigenes Motorradgeschäft war sein Traum, sein Alles! Immer wieder hatte er mir erzählt, daß er nur deshalb all die reichen Damen massiere, damit er rasch eine mit genügend Geld fände, die ihn heiratet. Nur so wäre sein eigenes Geschäft zu realisieren. Anders hätte er nicht die geringste Chance.

Als ich ihn daher fragte, ob er bereits sein eigenes Geschäft besitze, nachdem er ja jetzt verheiratet war, nahm ich natürlich an, er hätte nach Plan eine reiche Frau geehelicht. Um so überraschter war ich über seine Antwort.

»Ach, weißt du«, sagte er, »das mit dem eigenen Geschäft habe ich mir aus dem Kopf geschlagen. Heiraten ist eine zu ernste Sache, als daß man da nur ans Geld denkt. Nein, meine Frau ist nicht reich. Sie arbeitet bei einem Steuerberater. Warte einen Augenblick. Ich werde ihr sagen, daß du ein Freund bist und vom vielen Pianospielen Rückenschmerzen hast. Vielleicht erlaubt sie mir ausnahmsweise, daß ich dich massiere.«

Ich glaubte, ich hörte nicht richtig! Hatte er wirklich ›vielleicht erlaubt sie mir ausnahmsweise‹ gesagt? Soviel Unterwürfig-

keit schien mir bei Peter mehr als eigenartig. Er verfügte doch über ein bärenstarkes Ego und kümmerte sich selten um die Meinung anderer. Wenn er sich einer Frau gegenüber derart ehrerbietig verhielt, dann konnte es sich nur um eine jener hinreißenden Schönheiten handeln, welche jedem Mann den Kopf verdrehen.

Wenigstens gestattete sie Peter, mich zu massieren. Eine halbe Stunde später traf ich in seiner Wohnung ein und erlebte eine Riesenüberraschung: Peters Gattin war weder ein Vamp noch eine umwerfende Schönheit, sondern eine sehr nette und liebe ältere Frau. Ganz der fürsorgliche Muttertyp. Aber sie hatte Geschmack und wirkte sehr gepflegt. Sie trug eine schwarze Seidenhose und darüber ein lockeres seidenes Hawaiihemd. Da sie keinen Büstenhalter anhatte, war deutlich erkennbar, daß ihre Brust stark herabhing. Doch das schien weder Peter noch ihr etwas auszumachen. Die beiden liebten sich. Das sah man sofort.

Wir tranken erst einmal zusammen Kaffee und aßen Kuchen. Dabei spürte ich sofort die gemütliche und friedliche Atmosphäre, die nun in Peters Leben eingezogen war. Im Gegensatz zu früher, als bei ihm ständig Hektik geherrscht hatte. Wenn mir im ersten Augenblick unbegreiflich gewesen war, wie ein so gutaussehender, sportlicher, jungenhafter Typ wie Peter eine solche Frau heiraten konnte, die überhaupt nicht zu ihm zu passen schien, so änderte ich bald meine Meinung. Während er mich in seinem Fitneßraum massierte und wir allein waren, erzählte er mir ganz offen, warum er sich gerade zu dieser Frau hingezogen fühlte.

»Ich kann mir schon vorstellen, daß du dich wunderst«, sagte er. »Sie ist genauso alt wie ich. Da ich immer um Jahre jünger

*geschätzt werde, als ich bin, könnte man vielleicht denken,
ich hätte nicht die passende Frau geheiratet. Sie ist aber genau
die Richtige für mich.«*

*»Ich habe es bemerkt«, sagte ich. »Ihr paßt fabelhaft zusam-
men.«*

*»So? Hast du das bemerkt?« meinte er überrascht. »Das freut
mich enorm. Weißt du, seit ich sie kenne, bin ich nicht mehr
der Angeber und Herumtreiber, der ich in letzter Zeit war. Ich
bin wieder ich selbst. Die reichen Püppchen, mit denen ich
herumzog, hatten zwar eine Menge Kohle, aber dafür wenig
Herz.«*

*Er schwieg eine Weile, während er mich massierte. Erst als er
mir die Fangopackung auflegte, kam der zweite Teil seiner
Enthüllung, auf den ich gewartet hatte:*

*»Und jetzt ganz unter uns! Reden wir gleich einmal übers
Bett! Ich habe in den letzten Jahren eine Riesenmenge
Frauen massiert. Alle Arten von Körper! Beim Massieren
merkt ein Mann genau, ob da irgend etwas bei ihm anspricht
oder nicht. Und du wirst es nicht glauben! Je perfekter ein
Frauenkörper war, desto kälter ließ er mich! Ich weiß nicht
warum, aber genauso war es! Ich stehe überhaupt nicht auf die
Vorderseite, aber ein schöner Rücken macht mich wahnsin-
nig. Weißt du, vom Halsansatz runter zum Po. Wenn das
hübsch gepolstert und schön geschwungen ist, flippe ich aus.
Meine Frau hat den schönsten Rücken, den ich je massierte.
Der absolute Wahnsinn! Vorne hat sie einen Hängebusen.
Aber auch den mag ich. Es ist alles so lieb an ihr. Ich weiß
nicht, ob du mich verstehst.«*

*»Doch, ich verstehe dich sehr gut«, gab ich zur Antwort. »Jeder
Mann hat etwas ganz Bestimmtes, was ihm an einer Frau*

gefällt. Das entspricht seiner Natur. Darauf ist er programmiert. Du hast großes Glück, daß du gerade diese Frau getroffen hast!«

»Ja, wirklich, das habe ich! Ich sehe schon, du verstehst mich tatsächlich!«

Wenige Monate später fuhr ich an einem Vormittag an dem Motorradhaus vorbei, in dem Peter als Verkäufer tätig war. Ich hielt an, um ihm kurz guten Tag zu sagen. Er war aber leider außer Haus bei einem Kunden. Der Besitzer, ein freundlicher alter Herr, bat mich, in seinem Büro Platz zu nehmen. Er hatte anscheinend gerade Lust, ein Schwätzchen zu halten.

»Ja, unser Peter hat sich sehr verändert, seit er verheiratet ist«, erzählte er. »Seine Frau übt einen guten Einfluß auf ihn aus. Ich kenne sie schon lange, denn sie arbeitete bei meinem Steuerberater. Diese Chance hat er nur ihr zu verdanken.«

»Welche Chance denn?« fragte ich.

»Ach, Sie wissen es noch nicht? Peter wird mein Teilhaber! Wir haben die Generalvertretung für ein zweites japanisches Motorradfabrikat dazubekommen und machen eine Filiale auf. Große Sache, tausend Quadratmeter Verkaufsfläche! Peter wird diese Filiale leiten. Wissen Sie, ich bin schon vierzig Jahre in diesem Bau und zu alt, um noch mal rauszugehen und irgendwo von vorn anzufangen. Tja, ich sage immer: Wenn einer an die richtige Frau kommt, dann wird was aus ihm.«

Dieser Satz hat sicher seine Berechtigung. Jedenfalls traf er bei Peter D. zu.

Es ist bezeichnend, daß selbst die Filmemacher in Holly-
wood das Phänomen zum Thema machen, daß jede Frau ein
körperliches Merkmal mitbekommen hat, das auf einen bestimmten Typ Mann als unwiderstehliche Verlockung wirkt.
So spielt zum Beispiel der englische Schauspieler Hugh Grant
in dem Hollywood-Streifen »Tatsächlich ... Liebe!« einen
jungen britischen Premierminister, der ein Mädchen, das in
der Downing Street 10 den Tee serviert, heiratet, weil sie
dicke Oberschenkel hat – was ihn unglaublich anmacht.
Eigenartigerweise kommt gerade diese Geschmacksrichtung
der Männer erstaunlich oft vor. Dazu gleich ein anderes
Beispiel meines Co-Autors:

*Ich kannte einen jungen Amerikaner aus wohlhabender
Familie, der regelmäßig Paris besuchte. Er sah gut aus und
arbeitete in den Staaten als Wissenschaftler eines bedeuten-
den Forschungsinstituts. Ich wußte, daß er sich auf der Suche
nach einer Frau befand und eine Familie gründen wollte, um
nicht mehr allein in seinem großen Haus zu wohnen.*
*Nachdem er längere Zeit ausgeblieben war, kam er eines
Tages wieder nach Paris, und zwar frisch vermählt und in
Begleitung seiner Gattin. Sie war nicht hübsch und genauso
alt wie er, aber sie hatte eine freundliche Art. Als wir
zusammen im Restaurant seines Hotels speisten, erzählte er
mir, seine Frau sei seine fachwissenschaftliche Assistentin
gewesen und ihm wegen ihrer außerordentlichen Tüchtigkeit
ans Herz gewachsen.*
*Ich zog daraus den voreiligen Schluß, daß manche Forscher,
Gelehrte und ähnlich abstrakt veranlagte Leute offensichtlich
ihre Ehefrauen nach ganz anderen Kriterien aussuchten als*

gewöhnliche Sterbliche. Daß es bei ihnen anscheinend nur auf die wissenschaftlichen Fähigkeiten der Heiratskandidatinnen ankäme.

Eine Stunde später, als seine Frau bereits auf ihr Hotelzimmer gegangen war, nahm ich mit meinem amerikanischen Freund noch einen Drink an der Bar. Und während unseres Gesprächs, das sich immer noch um seine Heirat drehte, rief er plötzlich verzückt:

»Sieht sie nicht hinreißend aus! Ich kann mir nicht helfen, ich bin ganz verrückt nach ihr!«

Ich hatte größte Mühe, meine Überraschung zu verbergen und ihn nicht entgeistert anzustarren. Aber die Lösung des Rätsels blieb nicht aus, denn gleich darauf rückte er ganz nah an mich heran und raunte mir von Mann zu Mann vetraulich zu:

»Sie hat so schöne, kräftige, so richtig pralle Oberschenkel! Das macht mich ganz wahnsinnig!«

Nun glauben Sie bitte nicht, mein Freund sei in seinen sexuellen Vorstellungen irgendwie absonderlich oder pervers veranlagt. Nein, er ist völlig normal.

Auch ich bin der Ansicht, daß seine Vorliebe für dieses spezielle körperliche Merkmal einer Frau von der Natur gewollt ist und für das Erreichen einer dauerhaften Partnerschaft eine ausschlaggebende Bedeutung hat. Hätte es nämlich eine andere, viel Hübschere, viel Jüngere geschafft, ihn in den Hafen der Ehe zu manövrieren, aber eine, der dieses körperliche Merkmal gefehlt hätte, so wäre er todsicher über kurz oder lang fremdgegangen.

Denn der Mann muß seiner Programmierung folgen, und

jeder ist auf etwas anderes programmiert: Der eine steht auf ein breites Becken, der andere auf eine Wespentaille, wieder ein anderer heftet den Blick auf das Gesäß, ob es zierlich genug ist, ob es normal oder ausladend genug ist. Auch auf unsere Beine konzentrieren sich die männlichen Blitzuntersuchungen häufig. Und nicht nur nach langen wird Ausschau gehalten. Denn auch da gehen die Ansichten, was mit »hübschen Beinen« gemeint ist, sehr stark auseinander. Zahlreiche Röntgenblicke zielen auf unseren Busen, und jeder späht nach einer anderen Form davon: winzig, klein und flach, groß und hängend, üppig ... und so weiter, und so fort!

Es ist unglaublich, was Männer mit »schönen Brüsten« alles meinen können. So schrieb zum Beispiel im Jahr 1666, ja Sie lesen richtig, im Jahr 1666 – dem Jahr der schrecklichen Feuersbrunst in London –, Samuel Pepys, Zahlmeister der englischen Marine, in seinem berühmten Tagebuch über sein Dienstmädchen Mercer den folgenden Satz: »*In Mercer bin ich schon zu sehr vernarrt, seit ich einmal morgens, als sie mich anzog, mit ihren Brüsten spielte – sie sind die schönsten, die ich je gesehen habe, das ist die reine Wahrheit.*« Samuel Pepys kannte sich mit Frauen hervorragend aus. Er hat uns aber nicht gesagt, wie Mercers Brüste beschaffen waren und wieso er gerade sie als die schönsten empfand.

Hier haben wir wieder ein Phänomen, das erklärt, weshalb so viele attraktive Männer ganz unscheinbare Frauen heiraten. Daher haben wir die tröstende Sicherheit, daß jede von uns, gleich wie sie aussieht, bis ins fortgeschrittene Alter für eine ganz bestimmte Spezies Mann über ein funktionierendes Spektrum von Reizen verfügt.

Nun ist das Kapitel ›körperliche Liebe‹ bei vielen von uns – besonders bei den Älteren und auch bei zahlreichen Männern in ähnlicher Situation – eine Art Niemandsland. Es ist ein Gebiet, auf dem man sich unsicher fühlt und dem Eindruck unterliegt, nicht mehr ganz durchzublicken.

Es geben ja auch seit einigen Jahrzehnten so viele Sexperten in Zeitungen und Illustrierten ihre klugen Belehrungen von sich, daß man meinen könnte, es handle sich um ein Fachwissen, das nur in Abendkursen zu erlernen sei. Dazu kommt noch das Fernsehen, das heute die gewagtesten Szenen großzügig frei Haus liefert.

Wenn nun eine reifere Frau, die einen lieben Partner sucht, all das hört und sieht, könnte es sein, daß sie jeglichen Mut verliert. Insbesondere, wenn bei ihr längere Jahre der Einsamkeit vorangingen. Deshalb ist es unbedingt notwendig, daß wir uns von solchen Befürchtungen befreien.

Lassen wir uns nicht dadurch irritieren, daß jetzt plötzlich Hunderte von Büchern über die körperliche Liebe den Markt überschwemmen:

K ö r p e r l i c h e L i e b e k a n n m a n n i c h t a u s B ü - c h e r n l e r n e n! Genausowenig, wie man durch Bücherlesen Formel-eins-Fahrer, Holzfäller oder Fußballstar wird!

Seit je – ich meine während der ganzen zwei oder drei Millionen Jahre Menschheitsgeschichte – wurde die Vereinigung von Mann und Frau als etwas ganz Natürliches angesehen, so wie Schlaf oder Nahrungsaufnahme. Niemandem wäre es früher in den Sinn gekommen, dergleichen in Frage zu stellen. Heute aber hält man Vorlesungen, deklamiert, debattiert und argumentiert darüber. Wenn damals einer müde war, legte er sich hin und schlief. So haben in diesen

Millionen Jahren Milliarden von Frauen und Männern der verschiedensten Altersstufen und der unterschiedlichsten Herkunft die Erfüllung in der Umarmung erlebt und Kinder gezeugt, ohne je das Wort Sex gehört zu haben.

Es ergeht uns da wie allen Frauen der letzten Jahrmillionen: Wenn er zu »unseren« Männern gehört, wenn er auf uns programmiert ist, brauchen wir nichts, aber auch nicht das geringste über Sex zu wissen, um den Mann unserer Zuneigung liebevoll zu küssen und uns zärtlich von ihm in die Arme nehmen zu lassen ...

5. Kapitel

Unser neues Äußeres

Liebe Freundin, nun kommen wir zu jenem Abschnitt unserer Bemühungen, auf dessen dringende Notwendigkeit ich Sie ganz am Anfang des Buches hingewiesen habe. Nämlich, daß wir, um unser Ziel zu erreichen, eine durchgreifende Veränderung unserer äußeren Aufmachung in Angriff nehmen müssen.

Damit der Mann, der Ihnen bestimmt ist, Sie als die Frau, die ihm bestimmt ist, erkennen kann, müssen wir ihm drei Trümpfe zeigen: Wir müssen auf dezente Weise unser Haar, unsere Haut, ja unseren ganzen Körper ins Spiel bringen.

Befassen wir uns gleich einmal mit unserem Haar und unserer Haut und deren fundamentaler Bedeutung. Sind sie doch die wichtigsten Attribute für jede seelische und körperliche Annäherung und Berührung. Beide – Haut und Haare – zählen für uns Frauen zu den kostbarsten Gütern, denn sie fungieren als die Radarschirme unserer Seele, welche die unbewußten und bewußten Verbindungen zu anderen Lebewesen ausstrahlen, auffangen und herstellen! ... also auch die zu den Männern, welche uns begegnen.

Natürlich fällt das den meisten Menschen nicht auf, weil sie sich einbilden, man könne nur über die Sprache, die Schrift, das Bild und den Ton kommunizieren. Tiere dagegen bringen uns immer wieder Beweise dafür, daß Mitteilungen auch auf sensitiven Wegen erfolgen können.

Eine Freundin von mir verbrachte jedes Jahr ein paar Wochen in Nizza, und ich blieb dann immer in ihrer Wohnung, damit ihre Katze nicht allein war. Eines Nachts um drei flitzte die Katze plötzlich in höchster Aufregung über meine

Bettdecke und rannte zur Wohnungstür, wo sie heftig miaute und an der Tür kratzte. Etwa zehn Minuten später hörte ich den Schlüssel im Schloß, und meine Freundin kam ganz unerwartet aus Nizza zurück. Ich fragte, wo sie vor zehn Minuten gewesen sei, und erfuhr, daß sie sich um diese Zeit noch ungefähr fünf Kilometer entfernt im Taxi befunden hatte. Es bestand also kein Zweifel, daß das kleine Tier auf diese beträchtliche Entfernung die ganz spezifische elektromagnetische Aura seines Frauchens empfangen hatte, und dies aller Wahrscheinlichkeit nach mit Hilfe der empfindlichen Haare seines Fells. Somit wußte es, daß die Rückkehr, auf welche es so lang vergeblich gewartet hatte, unmittelbar bevorstand.

Ferner kannte ich eine Familie, die auf dem Land lebte und deren Kind sich mit einer der Ziegen angefreundet hatte, die es schon unmittelbar nach der Geburt in den Armen gehalten hatte. Das Tier folgte der Kleinen auf Schritt und Tritt.
Als das Mädchen herangewachsen war, fuhr es täglich mit der Bahn ins nahe Städtchen, um dort eine höhere Schule zu besuchen. Die Ziege begleitete sie nun jeden Morgen auf dem drei Kilometer langen Fußweg zum Bahnhof. Immer wenn sie die Bahnschranke erreichten, kehrte das Tier um und trottete allein nach Hause. Bis hierher könnte man die Sache noch als normal betrachten. Aber das Erstaunliche war, daß die Ziege jeden Nachmittag Punkt halb drei im Grasen innehielt und sich auf den Weg zur Bahnschranke machte. Das Tier kam stets pünktlich an, gerade wenn der Zug einfuhr. Es

bekam dann von dem Mädchen einen Kuß auf die Stirn gedrückt, und beide traten den Heimweg an.

Auch Pflanzen haben ihre Aura, ihre Empfindungen und ihr Seelenleben.

In England lebte eine alte pensionierte Krankenschwester, die eines Morgens ihren Ascheneimer in die Abfalltonne leeren wollte. Da sah sie unter dem Abfall ein zerbrochenes Blumentöpfchen mit einer abgeknickten Pflanze. Die gutmütige alte Frau empfand sofort Mitleid mit der geknickten Blume. Sie nahm das Pflänzlein aus der Tonne und sprach ihm tröstend zu, während sie einen großen Topf mit frischer Erde herrichtete und das Wurzelwerk mit den noch gesund gebliebenen Stengeln umbettete. Sie erzählte dem Pflänzchen, daß es von nun an in bester Obhut sei und keine Sorgen mehr zu haben brauche. Sie würde es schon wieder hochpäppeln.
Die Frau stellte den Topf an ihr Fenster, goß und pflegte die Pflanze und sprach täglich liebevoll mit ihr. Und die Blume dankte es ihr. Bald mußte die Frau sie in einem geschützten Winkel an der Hauswand unterbringen, denn die Blume wuchs und wuchs, produzierte die herrlichsten Blüten und kletterte bis unters Dach. Ihre Zweige bedeckten bald die gesamte Hauswand, und die Fernsehleute kamen mit ihren Kameras, um das Wunder zu filmen. Denn es war eine Blumensorte mit niederem Wuchs, die man noch nie an Hauswänden hatte hochklettern gesehen.

Die Blume hatte die liebevolle Zuneigung der alten Frau aufgefangen und sich mit einem ungewöhnlichem Blütenreichtum revanchiert.

Was können wir daraus für unser Vorhaben lernen?
Vergessen, vernachlässigen oder leugnen wir nicht die Macht unserer seelischen Ausstrahlung bei der Suche nach dem Mann. Da diese Ausstrahlung über unsere Haut stattfindet, sollten wir diesem Geschenk der Natur weit mehr Aufmerksamkeit zuwenden, als wir es bisher taten. Denn ob wir jemandem die Hand reichen, ob uns jemand am Arm berührt oder zur Begrüßung auf die Wange küßt – man wird immer ganz unbewußt die individuelle Ausstrahlung unserer Haut wahrnehmen. Deshalb sollten wir uns jeden Abend vor dem Einschlafen in Liebe hüllen und Liebe durch alle Poren nach außen leuchten lassen.

Im Säuglingsalter besaßen wir noch die reinste Hautausstrahlung. Nicht umsonst pflegen Mütter nach dem täglichen Bad ihres kleinen Lieblings ihr Gesicht an die rosa Bäckchen des Kindes zu drücken und so zu tun, als wollten sie am liebsten hineinbeißen. Man kann ja selbst kaum wiederstehen, die zarte Pfirsichhaut eines Säuglings mit ihrem Geruch nach Frische und Sauberkeit zu beschnuppern und zu küssen.
Es kommt durchaus vor, daß eine Frau sich diese Pfirsichfrische ihrer Säuglingshaut erhalten hat. Und die Männer sagen unwillkürlich, sie sei »süß«, sie sei »zum Anbeißen«,

sie sei »reizend«. Gerade der letzte Ausdruck sagt deutlich, was wir uns merken sollten. Nämlich, daß die ausgeprägte Hautfrische einer Frau eine starke Ausstrahlung auf Männer ausübt, daß sie den Mann z u r L i e b e r e i z t ! ... Das heißt, er wird – genau wie die Mutter des Säuglings – von dem Verlangen heimgesucht, eine solche Haut zu berühren, zu beschnuppern, zu streicheln, zu küssen.

Also müssen wir versuchen, unserer Haut möglichst viel von dieser Säuglingsfrische zu verschaffen: Baden oder duschen wir regelmäßig. Testen wir, welches der zahlreichen Bademittel speziell auf unserer Haut die angenehmste Ausstrahlung hervorruft. Ist es ein Lavendelschaum, eine bestimmte Seife oder der Tropfen eines bestimmten Badeöls? Schnuppern wir täglich an unserer Haut, kontrollieren wir, vergleichen wir die verschiedenen Düfte, bis wir eines Tages den für uns richtigen gefunden haben. Daraufhin sollten wir uns von der gleichen Marke und gleichen Duftnote ein Eau de Toilette besorgen. Und es wäre auch wichtig, daß wir die Frische und den Duft unseres Körpers für uns selbst als Genuß empfinden.

Um den Männern unsere Haut sympathisch und für ihre unbewußten Antennen zugänglich zu machen, dürfen wir nicht nur an den Geruch denken, sondern müssen auch das männliche Auge einbeziehen. Zwischen dem männlichen Auge und der weiblichen Haut besteht nämlich eine magische Beziehung, eine geheime Anziehungskraft. Der Mann kann an der Frau, für die er sich interessiert, nie genug Haut sehen. Wenn wir also zu einer Verabredung mit einem Mann gehen, sollten wir Kleider wählen, die durchbrochen sind oder an irgendwelchen Stellen größere Hautflächen freigeben. Kleider, deren Träger nur wenig bedecken und möglichst immer etwas von Armen, Schultern und Rücken freilassen.

Wenn wir ins Theater gehen und ein festliches Kleid auswählen, sollte es besonders am Rücken Hautflächen freigeben, und die Arme sollten teilweise unbedeckt sein. Auch die nackte Schulter einer Frau übt eine starke Wirkung aus. Manche Männer müssen sich geradezu beherrschen, um nicht einen Kuß darauf zu drücken. Natürlich haben wir bei all dem Hautherzeigen achtzugeben, daß es uns nicht zu kühl wird und wir immer eine Stola, einen breiten Schal oder ein anderes Kleidungsstück mitführen, welches wir umhängen können.

Die zweite Sendestation unserer Ausstrahlung ist wie schon gesagt das H a a r ! Wir haben alle schon erlebt, daß es bei Überladung nach langem Bürsten oder bei gewittriger Atmosphäre knistert. Denn es übernimmt die Funktion feinster elektromagnetischer Antennen. Gleichzeitig ist es der schönste natürliche Schmuck einer Frau. Aber nur, wenn es gesund und gepflegt ist.

Sehen wir uns doch einmal ein paar Tage lang das Haar und die verschiedenen Frisuren aller Frauen an, die uns begegnen. Wir werden überrascht sein, wie viele wertvolle Aufschlüsse wir da bekommen. Vor allem werden wir entdekken, wie häßlich ungepflegtes, struppiges Haar eine Frau machen kann und daß das engelreinste Antlitz seine Wirkung verliert, wenn es von solch ungepflegtem Haar umrahmt wird. Andererseits wird bei einer Frau, die prächtiges Haar besitzt, auch ein nichtssagendes Gesicht als anziehend empfunden.

Wir werden also nicht umhinkönnen, jetzt etwas Geld auszugeben, um unser Erscheinungsbild auf Hochglanz zu bringen ... für den Gang zu einem hervorragenden Friseur! Hierbei sollten wir vor allem darauf achten, daß wir von einem Mann bedient werden, weil ein Mann besser weiß, was Männern gefällt und worauf sie reagieren. Natürlich müssen wir uns mit unserer neuen Frisur auch wohl fühlen. Sie muß so sein, daß wir sie selbst richten können und unser Spiegelbild mögen.

Gott sei Dank haben wir es nur mit einer einmaligen Ausgabe zu tun; denn alles, was wir brauchen, ist ein neuer todschicker Schnitt! Das Problem der Haarfarbe können wir zu Hause mit Tönungsshampoos lösen, falls wir knapp bei Kasse sind.

Übrigens, was die Haarfarbe betrifft, möchte ich Ihnen noch einen freundschaftlichen Rat geben, der Ihnen möglicherweise nützlich sein kann. Selbst dann, wenn Ihnen die Gründe dafür nicht auf Anhieb einleuchten. Denn dies ist einer der Punkte, wo wir nicht das tun sollten, was w i r glauben, sondern das, was M ä n n e r glauben! Wir können unserem Haar jede Farbe geben, die wir wollen, solange sie uns gut steht. Nur eine sollten wir vielleicht nach Möglichkeit vermeiden, wenn wir uns dazu aufraffen können und es uns keine allzu großen Probleme bereitet: G r a u !

Es sind über Jahre Befragungen von Männern aller Kontinente durchgeführt worden. Und sie ergaben fast durch die Bank: Mit grauem oder weißem Haar machen wir uns weniger begehrenswert. Bei einer Frau mit grauem oder weißem Haar  kommt bei Männern häufig das Gefühl auf, daß sie ihrer »Mutter« begegnen.

Leider kokettieren selbst jüngere Frauen mit Grau und lassen sich graue Strähnen in ihr blondes oder braunes Haar einfärben. Oder melieren ihre natürliche Haarfarbe mit einem Grauton und finden das schick. Es mag auch apart aussehen ... für Frauen!

Nun will ich nicht behaupten, daß es da keine Ausnahmen gäbe. Es kann durchaus vorgekommen sein, daß eine grauhaarige Frau Erfolge bei Männern vorweisen konnte. Doch tritt dies im allgemeinen nur dann ein, wenn die Betreffende noch über andere überdurchschnittlich starke Anziehungskräfte verfügt. Fest steht aber, daß sich die überwiegende Zahl von Männern zu Frauen mit jugendlichen Haarfarben hingezogen fühlt. Vielleicht sollten wir ihnen den Gefallen tun und Grau oder Weiß aus unserem Haar vertreiben, selbst wenn wir bereits auf die Siebzig zugehen. Natürlich können Sie tun, was Sie wollen; und wenn Sie Ihr graues Haar mögen, dann stehen Sie bitte dazu. Hier geht es aber darum, auf welche Weise wir Männer anziehen.

Ganz besondere Aufmerksamkeit sollten wir auch unseren Händen widmen. Durch sie wird die Ausstrahlungskraft unserer persönlichen Aura am direktesten übertragen. Das zeigt sich ganz deutlich bei Heilungen durch bloßes Handauflegen.

So empfinden wir zum Beispiel immer dann eine glückliche seelische Stimmung, wenn wir mit einem Menschen Hand in Hand gehen, dem unsere Zuneigung gilt, zu dem wir uns hingezogen fühlen. Bei Menschen, die seelisch mit uns übereinstimmen, scheinen nämlich auch die elektrischen Felder gleichartig oder ähnlich zu sein. So erzeugt deren Austausch,

welcher bei der Berührung der Hände erfolgt, ein Gefühl von Harmonie.

Überhaupt sind es unsere Hände, welche die häufigsten körperlichen Kontakte zu anderen herstellen. Wir sollten also darauf achten, wie sie sich anfühlen, und alles tun, was möglich ist, um sie weich und zart zu machen. Sei es mit täglichen Kamillenbädern, mit dem Saft einer Zitrone oder mit Melkfett aus der Apotheke, wenn sie sich besonders rauh und spröde anfühlen.

Es ist wichtig, daß wir uns die große Bedeutung von Haut und Haar und deren Ausstrahlungsfunktion und Wirkung auf die männlichen Gefühle immer vor Augen halten. Auch wäre es gut, wenn wir daran denken würden, diese beiden Magnete jeden Tag zu pflegen. Zum Beispiel durch fünf Minuten langes Bürsten der Haare und tägliches Behandeln der Hände mit Zitronensaft. Das macht man einmal wöchentlich folgendermaßen: Zitronensaft mit Olivenöl mischen und in die Hände einmassieren. Anschließend Haushaltshandschuhe überziehen und die Lotion mindestens zwanzig Minuten einwirken lassen. Hilfreich wäre es auch, wenn Sie Ihre Hände zusätzlich täglich drei- bis viermal mit einer guten Handcreme einreiben würden. Denn unsere Haut und unser Haar helfen in erheblichem Maße mit, die Männer auf uns aufmerksam zu machen.

Nun kommen wir zur dritten Zielsetzung dieses Kapitels: ... auf dezente Weise unseren Körper ins Spiel zu bringen! Dazu haben wir bereits gehört, welche Wirkung unsere Haut ausübt.

Für das, was wir nun tun, braucht möglicherweise manche

von uns ein gewisses Maß an Kraft und Mut. Die Kraft und den Mut, uns zu überwinden, auch jene Dinge zu akzeptieren, die wir vielleicht normalerweise von unserer Erziehung her ignorieren würden. Das hier Gesagte kann uns nämlich nur dann zum Ziel bringen, wenn wir uns ganz vom eingefahrenen weiblichen Blickwinkel lösen. Versuchen wir, gewisse Abläufe durch die Sinne des Mannes wahrzunehmen. Und reden wir vor allem einmal realistisch, so wie sich die Dinge wirklich abspielen.

Wir haben ja gehört, daß jeder Mann auf ein bestimmtes, auf ein ganz spezielles Merkmal eines Frauenkörpers reagiert, auf das er programmiert ist. Und daß sich seine Veranlagung im gesamten Verlauf seines Lebens nicht mehr ändern wird. Ferner haben wir erfahren, daß das alles mögliche an uns sein kann.

Wir müssen also unsere Aufmachung, unser Outfit, unsere Kleidung so gestalten, daß er dieses besondere Merkmal, nach dem er auf der Suche ist, auch sofort bei uns entdeckt. Es kann, aber es muß nicht unser Busen sein oder unser Becken. Auch unsere Beine müssen es nicht sein. Was immer es ist, wir haben zwei Möglichkeiten, zu erreichen, daß es der Mann wahrnimmt: Zum einen müssen wir für unsere Kleidung geschmeidigen Stoffen den Vorzug geben, die unsere Silhouette plastischer malen. Zum anderen müssen alle Bewegungen unseres Körpers durch unsere Kleidung sichtbar werden. Tragen wir also nie Korsetts oder andere einengende Panzer! Gerade wenn wir korpulent sind, wird uns das Korsett nicht nur gesundheitlich, sondern auch hinsichtlich unserer Erscheinung schaden. Es wird unsere füllige Taille nicht verschwinden lassen, sondern nur dergestalt verschieben, daß

sie nun über dem Korsettrand hervorquillt. Ohne starre Hülle dagegen dürfte die gepflegte, frisch duftende Fülle unseres Körpers eine Vielzahl ganz bestimmter Männer anlocken. Sehen wir also zu, daß sich alle unsere möglichen Trümpfe bewegen können!

Anstelle von harten, starren, dicken Materialen sollten wir von nun an weiche, geschmeidige, fließende Stoffe für unsere Kleidung vorziehen. Der französische Modeschöpfer Yves Saint Laurent wurde einmal gefragt, warum er seinen Urlaub immer auf der Karibikinsel Barbados verbringe. Er antwortete, daß die eingeborenen Frauen dieser Insel den rhythmischsten Gang besäßen, den er je gesehen habe. Und daß er dort am besten studieren könne, welche Stoffarten die Bewegungen der weiblichen Körperteile am vollendetsten zur Geltung brächten. – Da sieht man, daß die Modeschöpfer der Auswahl ihrer Stoffe eine primäre Rolle beimessen, und das Material vor allem danach beurteilen, ob es die Bewegungen unserer Prunkstücke sichtbar machen kann.

Natürlich ist reine Seide am besten geeignet, den Bewegungsablauf von Brüsten und Gesäß und allen anderen in Frage kommenden Attributen dem Auge des männlichen Betrachters vorzuführen. Seide überträgt den elektromagnetischen Austausch, der Mann fühlt sich näher an der Haut der Frau. Wählen wir also für unsere Blusen immer möglichst Seide oder synthetische Ersatzstoffe für Seide. Und für unsere anderen Kleidungsstücke Gewebearten mit ähnlichen Eigenschaften, zum Beispiel hauchdünnes Baumwolltrikot, Viskose, Satin, Crêpe de Chine, Musselin, ja sogar Lamé. Wir brauchen im Winter nicht zu frieren, weil auch Woll- und Seidenjersey, und Wolle überhaupt, hervorragende Modellierer unserer fraulichen Trümpfe sind. Wenn wir gern Kostüme tragen, sollten wir ebenfalls solche Stoffarten verwenden.

Es kann auch nicht schaden, gleichzeitig unseren Beinen eine Chance zu geben. Denn mit »hübschen Beinen« kann alles mögliche gemeint sein – sämtliche der verschiedenartigsten männlichen Geschmacksrichtungen sind angesprochen. Es können kurze, lange, dicke, schlanke, muskulöse, glatte oder behaarte Beine sein. Zeigen wir also dem Mann ruhig Bein, gleich welcher Art unsere Beine sind.

Coco Chanel behauptete des öfteren, der häßlichste Körperteil der Frau sei das Knie. Aber vom Standpunkt des Mannes aus stimmt das nicht. So empfindet zum Beispiel jeder Autofahrer den Anblick des Knies seiner Beifahrerin als sehr reizvoll und legt gern die Hand darauf, um das Animalische dieses Hautkontaks zu genießen. Vielleicht haben Sie auch schon bemerkt, daß unsere männlichen Bekannten ihre Hand fast immer auf unseren Rücken legen, wenn sie uns durch eine Türöffnung leiten oder uns ein paar Stufen hochhelfen oder uns beim Einsteigen in ein Auto beistehen.

Mit all diesen Erläuterungen möchte ich besonders jenen Frauen helfen, zu deren Charakterzügen eine gewisse Bescheidenheit gehört. Die haben es am schwersten, denn sie geraten in der Gesellschaft von selbstbewußten Frauen stets ins Hintertreffen. Dabei würden gerade die Bescheidenen die besten Voraussetzung für eine beständige Partnerschaft bieten und jedem vernünftigen Mann durch ihre Treue glückliche Tage garantieren. Aber leider sind es gerade diese, die sich am schwersten tun, freier zu denken und ihre Skrupel über Bord zu werfen.

Wir gehen mutig an die Neugestaltung
unseres Äußeren.

Um Ihnen, liebe Freundin, zu zeigen, wie wichtig es ist, die
dringend notwendigen Maßnahmen dieses Kapitels beherzt
in Angriff zu nehmen, will ich wieder einen Bericht meines
Co-Autors einfügen, denn ein echt erlebtes Beispiel macht
alles am besten deutlich:

*Ich wohnte einmal einige Zeit in einer Reihenhaussiedlung
am Stadtrand. Obwohl ein Haus an das andere gebaut war,
pflegten die Leute dort erstaunlich wenig Kontakt mit ihren
Nachbarn. Manche lebten schon Jahre hier und wußten nicht
einmal, wie die Familie hieß, die im übernächsten Haus oder
ihnen gegenüber auf der anderen Straßenseite wohnte. Ich
muß gestehen, mir ging es nicht viel anders – ich hatte so gut
wie keinen Kontakt zu den Menschen dieser Siedlung.*
*Nur ein Herr, der ein paar Häuser weiter wohnte, machte
eine Ausnahme. Er sprach mich immer an, wenn er mich traf.
Und wir unterhielten uns dann. Dabei erzählte er mir, daß
er kinderlos und seit zehn Jahren Witwer sei und liebend gern
wieder heiraten würde.*
»Und warum tun Sie's nicht?« fragte ich.
*»Ach, wissen Sie«, gab er zur Antwort, »wo soll ich eine Frau
fürs Leben finden? Den ganzen Tag sitze ich in meinem Büro
in der City. Abends mag ich mich nicht in Lokalen herumtrei-
ben. Also fahre ich gleich nach Hause.«*
»Und wie ist es hier in dieser Siedlung?« erkundigte ich mich.
*»Die ist doch riesig. Da gibt es sicher viele nette alleinstehen-
de Frauen.«*

Er schüttelte den Kopf und meinte: »Da ist gar nichts! Ich sehe zwar eine Menge alter Damen um die siebzig. Aber in meinem Alter ist keine einzige da, die auch nur einigermaßen zu mir passen würde. Ich weiß es, denn schließlich wohne ich schon fünfundzwanzig Jahre hier.«

»Täuschen Sie sich da nicht?« fragte ich.

»Nein, Sie können mir glauben, da täusche ich mich ganz sicher nicht!«

Er täuschte sich aber doch, und zwar ganz gewaltig! Denn schon fünf Wochen später bat er mich, sein Trauzeuge zu sein. Die Frau, die er zum Altar führte, wohnte auch schon lange in dieser Siedlung ... und war seit fünfundzwanzig Jahren seine Nachbarin!

Nun fragt man sich natürlich: Wie ist es möglich, daß ein intelligenter, cleverer Geschäftsmann in den besten Jahren wie er über Jahrzehnte hinweg nicht bemerkt, daß seine Nachbarin die ideale Ehefrau für ihn wäre? Die Antwort ist im Grunde ganz einfach. Sie mag zwar dieser oder jener Leserin ein wenig eigenartig erscheinen, aber sie ist typisch für viele verpaßten Gelegenheiten von Partnersuchenden: Diese Nachbarin war eine jener stillen, bescheidenen Frauen, die sich nicht herausputzen, die sich nie in den Vordergrund drängen, die niemandem auffallen und nach denen sich kein Mann auf der Straße umdreht. Dazu kam noch, daß sie nur in einer Art Berufskleidung aus dem Haus ging. Sie arbeitete nämlich seit Jahren als Verkäuferin an einem Gemüsestand der Siedlung, der im Freien aufgestellt und nur mit einer Plane überdacht war. Da sie dort auch im Winter oder bei Wind und Regen den ganzen langen Tag dem Wetter ausgesetzt stehen mußte, sah man sie nur mit unförmigen

Wolljacken, dicken Schals, grauen Kapuzenanoraks und warmen Kopftüchern. Auch bei sommerlichem Wetter trug sie alte Kleidung und darüber eine grüne Leinenschürze, derbes Schuhzeug und irgendeine Khakimütze, denn sie mußte schmutzige Gemüsekisten von den Lieferwagen heben, nach Verkaufsschluß den Abfall vom Asphalt fegen, den Boden mit dem Wasserschlauch abspritzen und ähnliche grobe Arbeiten verrichten.

Wenn man bei solcher Arbeit gut verdient, gewöhnt man sich natürlich im Laufe der Jahre daran, auf Kleidung keinen besonderen Wert mehr zu legen und tagein, tagaus im selben Aufzug herumzulaufen. Man findet es bequem, sich nicht herrichten und aufmöbeln zu müssen wie andere Frauen, die damit eine Menge Zeit vertun. Man glaubt ja ohnehin nicht mehr, daß in der Liebe noch etwas passieren könnte.

In unserem Beispiel griff jedoch ganz unerwartet ein gütiges Schicksal ein und weckte die Betreffende aus ihrer Gleichgültigkeit sich selbst gegenüber, wie ich erfuhr. Der Besitzer des Gemüsehandels mußte nämlich fast von einem Tag auf den anderen den Verkauf einstellen, weil auf diesem Grundstück ein Neubau entstehen sollte und seine Pacht nicht mehr verlängert wurde. Unsere Freundin hatte also keine andere Wahl, als sich eine neue Arbeit zu suchen, was bei der derzeitigen hohen Arbeitslosigkeit nicht leicht sein konnte.

Nun entsann sie sich plötzlich, daß sie in ihrem Leben nicht immer Gemüse verkauft hatte. Sie verfügte über eine gute Realschulbildung mit mittlerer Reife und konnte beste Fremdsprachenkenntnisse vorweisen. Außerdem hatte sie eine Lehrzeit als Touristik-Kauffrau im größten Reisebüro der Stadt absolviert, noch dazu in einem Reisebüro, das in der vornehm-

sten Straße der City lag. Ihr kam auch in den Sinn, daß ihr Chef ein liebenswürdiger älterer Herr gewesen war, der sie gern gemocht und stets gelobt hatte. Vielleicht lebte er noch? Sie faßte sich ein Herz, rief an und erklärte ihm ihre Situation.

Er erinnerte sich sofort an sie und sagte, daß nun zwar seine Frau das Geschäft leite, daß sie sich aber im Augenblick enorm vergrößern würden und dringend Fachkräfte bräuchten. Sie möge doch am Dienstag nächster Woche vorbeikommen. Da hätte seine Frau Zeit für ein Einstellungsgespräch.

Unsere Freundin, die sich schon auf endlose Warteschlangen im Arbeitsamt und wochenlange vergebliche Arbeitssuche gefaßt gemacht hatte, freute sich natürlich über die unerwartet rasche Lösung ihres Problems. Doch dann fiel ihr ein, daß die Gattin ihres früheren Chefs eine außerordentlich elegante junge Dame gewesen war, die nur Modelle der Haute Couture getragen hatte. Und nun kamen ihr auch all die vornehmen Leute ins Gedächtnis, die in diesem Geschäft ein und aus gegangen waren, und wie viele piekfein gekleidete Kundinnen und Kunden sie damals beraten hatte.

Beim Blick in den Spiegel sank ihre Vorfreude sofort auf Null. So wie sie jetzt aussah, bestand nicht die geringste Chance, diesen Traumjob zu bekommen. Ihr Haar war grau und hing in Strähnen herab, ihre Hände sahen entsetzlich ungepflegt aus, alle ihre Kleidungsstücke, alle ihre Schuhe waren unmöglich. Zum erstenmal seit vielen Jahren begann sie zu begreifen, welchen Raubbau sie mit ihrem Äußeren getrieben hatte. Sie hatte zugelassen, daß sie sich in eine Vogelscheuche verwandelt hatte. In ihrer Verzweiflung lief sie zu einer Schulfreundin, die in der Siedlung einen kleinen Frisiersalon besaß, und klagte der ihr Leid.

»Wann sollst du dich vorstellen, nächsten Dienstag?« meinte die nur. »Aber das kriegen wir doch hin!«

Und nun begann ein Wettlauf mit der Zeit. Den Sonntag nicht eingerechnet, blieben drei Tage. Die Frisiersalonbesitzerin erwies sich als echte Freundin, wich nicht mehr von der Seite der Frau und entwickelte eine staunenswerte Aktivität. Für das Haar bereitete sie eine Kurpackung nach der anderen, färbte es gemäß seiner Naturfarbe kastanienbraun, gab ihm einen interessanten Schnitt, zupfte die Augenbrauen in eine elegantere Linie, probierte eine Reihe Make-ups, Lippenstifte und Parfums an ihr aus, verabreichte Handlotionen, manikürte und lackierte die Nägel und vergaß selbst die Fußpflege nicht.

Darauf fuhren beide in die Stadt, um Wäsche, Kleider, Schuhe und Modeschmuck einzukaufen. Das dauerte eineinhalb Tage und kostete eine Stange Geld. Aber unsere Gemüseverkäuferin hatte jahrelang bestens verdient und so gut wie nichts für sich ausgegeben. Nun bereitete es ihr große Freude, nicht auf den Preis sehen zu müssen und all die schicken Sachen kaufen zu können, die nötig waren, um eine andere Frau aus ihr zu machen. Am Dienstag nachmittag ging sie dann zu ihrem Vorstellungsgespräch und wurde sofort eingestellt.

Nach der gewonnenen Schlacht begab sie sich erst einmal in eine Konditorei, trank Kaffee, aß eine Menge Kuchen und telefonierte per Handy mit ihrer Freundin vom Frisiersalon. Dann bummelte sie noch ein wenig durch die Stadt und stieg um halb sechs in die U-Bahn. Und nun ereignete sich der kleine Zufall, von dem romantische Leute immer überzeugt sind, Gott Amor hätte da mitgemischt:

An der nächsten Station stieg ein Herr zu und setzte sich auf

den freien Platz ihr gegenüber. Es war ihr Nachbar. Er schien sie nicht zu erkennen, obwohl sie ihm freundlich zunickte. Dieser Mann hatte sie schon immer fasziniert. Er war groß, sah recht gut aus und ging stets tadellos gekleidet. Ein ruhiger, eher vornehmer Typ. Beide hatten in den langen Jahren außer »guten Morgen«, »guten Tag« oder »guten Abend« nie ein persönliches Wort gewechselt.

Nun ist es sicher interessant, zu erfahren, wie mein Freund, der City-Banker, diese Begegnung erlebte, und was er mir darüber berichtete. Ganz in geschäftliche Gedanken versunken, war er aus seinem Büro gekommen und in die U-Bahn gestiegen. Ihm gegenüber saß eine hübsche, elegante Dame, die ihm freundlich lächelnd zunickte und ihm irgendwie bekannt vorkam. Er überlegte eine ganze Weile, wo er sie hintun sollte. Doch es fiel ihm nicht ein, woher er sie kannte. Sie hatte bestechend schöne Beine, die in schwarzen Seidenstrümpfen steckten, eine tadellose Figur und, wie man an ihrem freizügigem Dekolleté erahnen konnte, einen bezaubernden Busen.

Er nahm sich ein Herz, sprach sie an und fragte, woher er sie kenne. Sie sagte, daß sie seine Nachbarin sei – worauf er sich an die Stirn klopfte und beide herzlich lachten. Nun erzählte sie ihm in ihrer aufrichtigen, geradlinigen Art, wie es gekommen war, daß sie nicht mehr am Obststand arbeitete. Und von dem Angebot des Reisebüros und wie ihre Freundin ihr geholfen hatte, etwas mehr aus ihr zu machen. Sie verstanden sich auf Anhieb.

Von nun an trafen sie sich oft in der Stadt. Und bald holte sie ihn täglich nach ihrer Arbeit vom Büro ab. Sowohl mein Freund, der Banker, als auch die frühere Gemüseverkäuferin

fanden, daß das Leben plötzlich wunderschön sei. Und da sie dieses angenehme Gefühl nie mehr missen wollten, entschlossen sie sich zu heiraten.

Es wurde eine Traumhochzeit mit Kutschen und blumenstreuenden Kindern. Als Trauzeuge konnte ich feststellen, daß die Braut mit ihren dreiundvierzig Jahre wirklich hinreißend aussah. Und beide waren vernünftige Menschen, die das Leben kannten und sich an dem erfreuten, was sie aneinander hatten. Deshalb war ich sicher, daß sie für den Rest ihres Lebens eine glückliche Ehe führen würden.

Dieses Beispiel stellt zwar einen Einzelfall dar, aber nur insofern, als es hier zu einem Happy-End kam. Es gibt Tausende und Abertausende unter uns Frauen, die sich ab einem gewissen Alter gehenlassen, die keinen Wert mehr auf ihr Äußeres legen und in puncto Liebe resignieren. Sie wählen den einfachen Weg, tun nichts mehr für ihr Image, investieren keine Zeit und Mühe mehr in ihr Aussehen. Man kann ihnen nicht einmal den Vorwurf machen, daß sie zu Trägheit neigen würden. Im Gegenteil, es sind – genau wie unsere Gemüseverkäuferin – fast immer Frauen, die sich an ihrem Arbeitsplatz als außerordentlich fleißig und gewissenhaft zeigen. Und auch zu Hause halten sie meist alles blitzsauber in Ordnung.

Wenn ihre Energien nicht mehr ausreichen, auch noch für ihren Körper und ihr Aussehen etwas zu tun, dann setzen sie ganz offensichtlich ihre Prioritäten falsch. Denn der Körper und das Outfit sind und bleiben nun einmal das Allerwichtigste für uns Frauen. Es sind die besten Quellen für unser natürliches Selbstbewußtsein, gleich wie alt wir sind. Viele von uns greifen zu anderen Stimulierungen ihres Selbstwerts, beispielsweise in Form von Intelligenzbeweisen oder künstlerischen oder geschäftlichen Höhenflügen. Biologisch gesehen sind dies aber nur Ersatzwerte für Liebe.

Wie am Beispiel meines Co-Autors zu sehen war, ist der Mann meist ziemlich unfähig, auch die liebenswerteste, ehrlichste, treueste, ja sogar vom Körperlichen her attraktivste Kandidatin wahrzunehmen, wenn sie nicht ihre Trümpfe ausspielt.

Erst wenn die Frau sich in einer sinnesreizenden Verpackung präsentiert, entdeckt der Mann sie als mögliche Partnerin!

Nur das versetzt ihn in die Lage, nach und nach auch alle ihre anderen Vorzüge wahrzunehmen und liebenzulernen; ja, zu begreifen, welch eine wundervolle Frau er vor sich hat!

Bei einem weiteren Beispiel, das mein Co-Autor noch einbringt, war die Ausgangssituation zwar eine ganz andere. Aber die Lehre, die wir Frauen auch aus dieser Geschichte ziehen müssen, bleibt in etwa dieselbe.

Eine alte Bekannte von mir – nennen wir sie Linda, auch wenn sie nicht so hieß – läutete eines Tages völlig aufgelöst an meiner Tür. Sie brach sofort in Tränen aus, als ich sie hereinführte und sie bat, Platz zu nehmen. Ich machte ihr rasch eine Tasse Tee und wartete geduldig, bis sie mir erzählen konnte, was sie bedrückte: Ihr Mann war aus der

Wohnung ausgezogen und hatte die Scheidung eingereicht.

»Gab es Streit zwischen euch?« fragte ich.

»Überhaupt nicht! Wir haben nie gestritten.«

»Hat er eine Freundin?« erkundigte ich mich weiter. Ich wußte, daß es nicht an ihrer Untreue liegen konnte, da sie entsetzlich altmodisch und moralbesessen war.

Sie schüttelte den Kopf. »Das ist es ja gerade!« meinte sie, in Tränen aufgelöst. »Ich sehe nicht so arg gut aus und könnte es noch verstehen, wenn er sich in ein hübsches junges Mädchen verliebt hätte. Das kann Männern über vierzig passieren. Aber nein, er schwört, daß keine andere Frau im Spiel ist. Und ich weiß, daß es stimmt. Ist das nicht schrecklich?«

Ich konnte sehr gut verstehen, was sie so schrecklich fand; ich hatte nämlich die Morgenzeitungen gelesen: Lindas Mann, der aus ärmlichen Verhältnissen kam und dessen Architektur-studium nur mit Stipendien zu finanzieren gewesen war, hatte den Ausschreibungspreis und den Auftrag für ein 80-Millionen-Staatsprojekt zugesprochen bekommen. Das hieß im Klartext, er war jetzt der erfolgreichste Architekt des Landes und praktisch mit einem Schlag ein reicher Mann. Jetzt brauchte er die wohlhabende Linda nicht mehr, die ihn die ganzen Jahre durchgefüttert und ihm ein elegantes Büro in einem Hochhaus der Innenstadt eingerichtet hatte.

Linda saß wie ein Häufchen Elend auf meiner Couch. Sie tat mir unendlich leid. Ich konnte sehr gut nachvollziehen, was sie jetzt fühlte. Eine Frau muß sich benützt, ausgetrickst und verschaukelt vorkommen, wenn sie jahrelang alles für ihren Mann tat und plötzlich dahinterkommt, daß er sie nur ihres Geldes wegen geheiratet hat und sie wie einen alten Hand-schuh wegwirft, sobald er sie nicht mehr braucht.

Ich versuchte, sie zu trösten, so gut ich konnte. Aber was nützen da schon Worte. Also ließ ich sie weinen, bewegte sie dazu, mir ihr Leid zu klagen, und hörte aufmerksam zu. Ich dachte, das würde ihr guttun. Aber dann war ich es, der einen gehörigen Schreck bekam. Linda erklärte mir nämlich, sie liebe ihren Mann so sehr, daß sie ein Leben ohne ihn nicht ertragen könne. Sie habe sich entschlossen, Selbstmord zu begehen.

Nun wird zwar behauptet, Leute die von Selbstmord reden, brächten den Mut dazu nicht auf. Aber diese These wurde schon tausendmal widerlegt. Da ich wußte, daß Linda in manchen Dingen äußerst hartnäckig sein konnte, entschloß ich mich, sie keine Minute mehr allein zu lassen.

Als erstes rief ich eine Freundin an, die eine Riesenwohnung mit mehreren Gästezimmern hatte, und schilderte ihr die Situation. Annette erklärte sich sofort bereit zu helfen. Sie erschien schon nach zwanzig Minuten bei mir, und ich stellte die beiden einander vor. Wir überredeten Linda, noch heute aus ihrer Wohnung auszuziehen, wo in jeder Ecke die schmerzlichen Erinnerungen an ihren Mann lauerten. Wir halfen ihr, zwei große Koffer zu packen, und quartierten sie bei Annette ein. Da ich im Augenblick an einem Manuskript arbeitete und es egal war, wo ich auf meinem Laptop tippte, zog auch ich zu Annette und belegte eines ihrer Gästezimmer. So konnten wir uns in Lindas Beschützung ablösen.

Mehrere Tage vergingen, in denen Linda in teilnahmsloser Depression leise vor sich hin zu weinen pflegte und kaum ansprechbar war. Dann schlug ihr seelischer Zustand um, und sie machte uns die heftigsten Vorwürfe, daß wir sie daran gehindert hätten, das zu tun, was sie vorgehabt hatte.

»Ihr sagt immer, das Leben würde weitergehen«, rief sie aufgebracht. »Was soll ich nur machen, um es ertragen zu können?«

Das war eine gute Frage. Denn sie zeigte, daß Linda ihre Selbstmordphase überwunden hatte.

»Ganz einfach«, antwortete ich, »du nimmst Gesangsstunden!"

Linda starrte mich entgeistert an.

»Und zwar bei Marc Reger«, fuhr ich fort. »Der Mann, der junge Sängerinnen für die Popbranche trainiert. Und außerdem gehst du zweimal in der Woche ins Tanzstudio BTS. Dort lernst du Steptanz und Charleston.«

Linda schnappte nach Luft. »Aber …!«

»Sagtest du nicht selbst einmal zu mir, daß du liebend gern singen und steppen lernen wolltest, als du jung warst?«

»Ja schon, aber …«

»Eben! Jetzt hast du keinen Mann mehr, jetzt hast du Zeit. Du wirst eine andere Frisur tragen, wirst dir einen beschwingten Gang zulegen, eine schicke Dachterrassenwohnung kaufen und sie mit modernen Möbeln einrichten, eine Menge Partys geben, mit Annette und mir in Nachtbars gehen und wahnsinnig kurze Röcke anziehen. Mit anderen Worten: Du wirst dein Image um 180 Grad umschwenken und genau die Art Frau werden, die du noch nie warst und die du immer beneidet hast! Das ist ein Abenteuer. Und was du jetzt brauchst, ist ein Abenteuer! Du wirst herumkommen und einer Menge Männern gefallen. Und eines schönen Tages wirst du dich wieder verlieben und keinen Gedanken mehr an das vergeuden, was die letzten Tage geschehen ist.«

Linda schüttelte entsetzt den Kopf. »So ein Unsinn!« sagte sie nur.

Nun muß man wissen, daß Linda – die im Grunde ein netter Kerl war – zwar eine Menge Geld und in Sachen Kunst viel Geschmack besaß, sich aber in bezug auf Kleider unmöglich verpackte und sich aus falscher Scham nie getraute, ihre körperlichen Reize einzusetzen. Obgleich sie erst zweiunddreißig Lenze zählte, wirkte bei ihr alles schrecklich bieder: ihre teuren, oft bis zum Kinn geschlossenen Kleider aus massiven Stoffen, ihre maßgefertigten, klobig aussehenden Schuhe mit flachen Absätzen, ihre Wollstrümpfe und ihre Gretchenfrisur.

Es kostete Annette und mich während der nächsten Tage ein hartes Stück Arbeit, Linda zumindest mit dem Gedanken vertraut zu machen, wie es wäre, wenn sie dieses oder jenes an sich ändern würde. Endlich siegte dann doch die Neugier, und Annette konnte Linda in ein todschickes Secondhandgeschäft schleppen. Dort durfte man stundenlang all die hübschen, gewagten Fähnchen anprobieren, die noch vor wenigen Tagen von Topmodels auf dem Laufsteg vorgeführt worden waren. Linda ließ geduldig alle Anproben über sich ergehen, stieß jedoch dazwischen heftige Proteste aus.

»Grauenhaft! ... Unmöglich! ... Ich komme mir vor wie eine ... !« Sie wollte das Wort gar nicht aussprechen.

Als die beiden aber nach zwei Stunden die Boutique verließen, trug Linda mit nachdenklicher Miene eine große Tragtüte mit fünf solcher »unmöglicher« Kleidchen. Die Ladenbesitzerin hatte nämlich immer wieder begeisterte Komplimente über Lindas wunderschöne, kerzengerade Beine gemacht. Also gingen sie als nächstes in ein Schuhgeschäft, kauften modische Schuhe mit hohen Absätzen und besorgten schwarze Seidenstrümpfe – nur um zu sehen, ob die Ladenbesitzerin

mit ihren Komplimenten über Lindas Beine recht gehabt hatte ... Sie hatte recht gehabt!

Den nächsten Vormittag verbrachte Linda vor Annettes Breitwandspiegel, um sowohl ihre erst gestern entdeckten Beine als auch die Minikleidchen zu begutachten, welche diese so aufregend zur Geltung brachten. Den ganzen Nachmittag jedoch blieben meine beiden Freundinnen verschwunden. Als sie gegen Abend wieder auftauchten, traute ich meinen Augen nicht. Linda hatte keine Zöpfe mehr, sondern eine poppige Wuschelfrisur. Sie trug zum ersten Mal gekonntes Make-up, und ihre Lippen glänzten in einem bestrickenden und doch sehr dezentem mattem Kupferrot.

Der Bann war gebrochen, der Wille, zu leben, endgültig zurückgekehrt! Linda hatte entdeckt, wie bezaubernd sie aussehen konnte, wenn sie nur wollte. Mit der ihr eigenen Hartnäckigkeit befolgte sie in den nächsten Tagen und Wochen auch unsere anderen Ratschläge, ging regelmäßig zum Gesangsunterricht, trainierte Steptanz und Charleston. Und als in Annettes Haus eine Dachterrassenwohnung frei wurde, zog sie dort ein und möblierte sie großzügig und komfortabel. Sicher tat sie das alles auch, um sich zu betäuben und so wenig wie möglich an ihre schmerzliche Erfahrung denken zu müssen. Aber selbst das war schließlich ein positiver Aspekt.

Zwischen Linda und Annette hatte sich eine enge Freundschaft entwickelt. Ich war längst wieder zu Hause, als ich eines Tages einen Anruf von Marc Reger bekam, bei dem Linda ihre Gesangsstunden nahm. Er bedankte sich, daß ich ihm Linda geschickt hatte. Dabei überraschte es mich ein wenig, wie begeistert er sich über ihr Talent ausließ. Marc Reger war nämlich eigentlich ein supercooler Typ; außerdem sah er blendend aus.

»Sie hat ein sagenhaftes Vibrato und eine Menge Feeling«, schwärmte er. »Aber sie erzählt nie etwas von sich. Sag mal, ganz unter uns, ist die eigentlich noch zu haben?«

Schon wenige Tage später gab Linda eine Party in ihrer neuen Wohnung zu Ehren von Marc Reger, der Geburtstag feierte. Ich war auch eingeladen, konnte mich aber erst gegen neun Uhr abends auf den Weg machen. Da ich vergessen hatte, ein Geschenk zu besorgen, betrat ich noch rasch eine Kneipe, die ich kannte und wo man eine Flasche Champagner kaufen und mitnehmen konnte. An der Theke stand nur ein einziger Gast: ... Lindas Ehemann!

Er war leicht angetrunken, was mich wunderte, da Linda immer behauptet hatte, ihr Mann sei strikter Antialkoholiker. Er deutete mit dem Kopf auf mich und sagte zum Kneipenwirt: »Sieh dir den genau an! Das ist der neue Freund meiner Frau!« Nun bin ich von meiner Veranlagung her ein eher gutmütiger Mensch. Aber als ich daran dachte, was dieser Kerl Linda angetan hatte und daß das arme Mädchen seinetwegen hatte Selbstmord begehen wollen, knöpfte ich ihn mir vor und sagte ihm einmal gründlich meine Meinung. Nämlich, daß er der mieseste Bursche sei, dem ich je begegnete. Einer, der sich jahrelang von einer Frau über Wasser halten läßt und ihr in dem Augenblick, in dem er zu Geld kommt und sie nicht mehr braucht, einen Tritt verpaßt. Meine Standpauke schien ihn weit stärker zu treffen, als ich erwartet hatte.

»Zum Teufel mit Ihnen, das stimmt doch überhaupt nicht!« schrie er mich an. »Als ich die Scheidung einreichte, hatte ich keine Ahnung, daß ich den Preis gewinnen würde!«

Er redete heftigst auf mich ein und erklärte, daß er schon seit Jahren jeden Architekturwettbewerb mitgemacht und noch nie gewonnen habe. Er habe auch diesmal nicht mit einem Preis gerechnet, da über siebenhundert Einsendungen bei der Jury eingegangen seien. Daß er gewonnen habe, habe er erst an dem Tag erfahren, an dem es in der Zeitung stand. Beim Scheidungsanwalt sei er aber schon eine Woche zuvor gewesen.

»Nun gut«, sagte ich, »wenn es nicht deswegen ist, weil Sie jetzt zu Geld kommen, weshalb wollen Sie sich dann scheiden lassen?«

Er seufzte und meinte: »Wir passen einfach nicht zusammen.«

»Was heißt, Sie passen nicht zusammen?« fragte ich, neugierig geworden. »Haben Sie keine gemeinsamen Interessen?«

»Doch! Wir gehen beide leidenschaftlich gern in Kunstausstellungen und Museen. Und auch in bezug auf Musik haben wir den gleichen Geschmack. Auch körperlich geht es nicht schlecht.«

»Dann verstehe ich wirklich nicht, warum Sie sich scheiden lassen.«

Er trank langsam sein Bier aus und schnitt eine Grimasse. »Na schön, ich will versuchen, es Ihnen zu erklären«, sagte er. »Haben Sie in der Zeitung die Abbildung meines Baumodells gesehen? Was sagen Sie dazu?«

»Total verrückt und supermodern!«

»Genau! Supermodern! Ich bin den anderen um dreißig Jahre voraus. Nun sehen Sie sich Linda an! Schrecklich bieder, wie aus der Mottenkiste! Läuft herum wie ihre eigene Großmutter! Wenn ich mit ihr bei den Leuten, auf die es für mich ankommt, erschien, lachten alle hinter vorgehaltener

Hand über uns. Ich habe das sieben Jahre mitgemacht. Aber jetzt kann ich nicht mehr, tut mir leid!«

»So«, sagte ich böse, »da schleichen Sie sich feige aus dem Haus und reichen die Scheidung ein, ohne den Grund zu nennen! Das ist doch nicht zu fassen! Das ist schlicht und einfach unglaublich!«

»Ja, ich war feige«, meinte er zerknirscht, »wahnsinnig feige! Ich brachte es einfach nicht übers Herz, es ihr zu sagen. Es hätte ja auch nichts genützt. Früher machte ich ständig Andeutungen, aber sie hat nie reagiert.«

»Andeutungen!« rief ich aufgebracht. »Was heißt hier Andeutungen! Man setzt sich zusammen und diskutiert das Ganze durch, von mir aus tagelang! Es ging doch nur darum, daß Linda andere Kleider kauft. Wegen so etwas läßt man sich doch nicht scheiden!«

Er winkte ab. »Ach, Sie verstehen das nicht! So ist Linda nun einmal. So ist sie erzogen worden und aufgewachsen. Das ist bei ihr dermaßen verkrustet, daß jedes Wort umsonst wäre. Da könnte man jahrelang hinreden. Linda wird sich nie einen Deut ändern, glauben Sie mir!«

Ich zahlte sein Bier und mein Bier, nahm meine Champagner-flasche unter den Arm und sagte: »Kommen Sie, ich muß auf eine Party. Dort können wir uns weiter unterhalten.«

Er ging sofort mit, ohne zu protestieren. Offensichtlich tat es ihm gut, sich einmal auszusprechen. Übrigens wußte er noch nicht, daß Linda umgezogen war. Als ich an der Tür ihrer neuen Dachterrassenwohnung läutete, postierte ich mich so, daß er das Namensschild nicht sehen konnte. Es war Annette, die uns öffnete, und ich stellte ihn als einen Freund vor, ohne seinen Namen zu nennen. Die Party lief auf vollen Touren.

*Es waren unglaublich viele Leute anwesend, fast alle aus
Annettes riesigem Bekanntenkreis.*

*»Ihre Frau ist übrigens auch da«, sagte ich ganz nebenbei zu
meinem Begleiter, worauf er sofort auf dem Absatz kehrtma-
chen wollte. Ich hielt ihn am Ärmel fest und sagte: »Kommen
Sie, seien Sie nicht immer so feige! Das ist ja schrecklich mit
Ihnen! Ihre Frau sitzt dort drüben auf der grünen Couch. Der
gutaussehende blonde junge Mann, mit dem sie gerade ein
wenig flirtet, ist Marc Reger, ihr Gesangslehrer, bei dem sie
Popgesang trainiert. Außerdem steppt sie jetzt und tanzt
leidenschaftlich Charleston.«*

*»Lassen Sie doch die Faxen«, meinte Lindas Mann verärgert.
»Erstens flirtet Linda nicht, singt nicht Pop und tanzt nicht
Charleston. Zweitens ist die Frau auf der Couch nicht Linda!«*

«So? ... Sehen Sie einmal genau hin!«

*Er schaute noch einmal hinüber, wurde unsicher und stutzte.
Schließlich sank seine Kinnlade vor Verblüffung nach unten.
Jetzt hatte ihn auch Linda erblickt. Sie erhob sich und ging auf
ihn zu. Ein paar Sekunden lang standen sie sich wortlos
gegenüber. Dann faßten sie sich bei der Hand und ver-
schwanden auf die nächtliche Dachterrasse, die mit Lampi-
ons geschmückt war.*

*Ich kümmerte mich nicht mehr um sie. Eine Viertelstunde
später entdeckte ich die beiden jedoch zärtlich umschlungen
in der schummrigen Ecke eines Nebenzimmers. Das Resultat
war jedenfalls, daß Lindas Mann bereits am nächsten
Morgen den Scheidungsantrag zurückzog. Viele Jahre sind
seither vergangen. Die beiden sind noch heute glücklich und
zufrieden verheiratet.*

Hier haben wir also von zwei Menschen gehört, die im Grunde hervorragend zusammenpaßten. Sie hatten keine Probleme beim Liebesakt, schwärmten beide für Museen und Kunstausstellungen, besaßen den gleichen Geschmack in bezug auf Musik und liebten sich noch immer, auch wenn dies Lindas Mann gar nicht mehr bewußt gewesen war. Das einzige, was ihn an ihr aufgeregt hat, was er nicht mehr mit ansehen konnte, und was ihn dazu trieb, die Scheidung einzureichen, war ihre unmögliche Aufmachung. Dummerweise lebte er in der festen Überzeugung, daß es zwecklos wäre, Linda zu einer äußerlichen Veränderung zu überreden, daß dies keinen Sinn hätte, weil sie sich nie ändern würde.

Übrigens ist diese Übereinstimmung in Hobbys, Liebhabereien und Geschmacksrichtungen für eine bleibende Beziehung außerordentlich wichtig, wie wir gleich im nächsten Kapitel sehen werden. Wenn sie nicht vorhanden ist, könnte das eines Tages die Partnerschaft zum Scheitern bringen. Bei Linda und ihrem Mann wäre das ja fast geschehen. Doch Gott sei Dank war hier der kritische Faktor – nämlich Lindas unmögliche Aufmachung – nicht so sehr die Angelegenheit eines nicht mehr zu ändernden Geschmacks, sondern vielmehr verkappte Prüderie. Insgeheim und unbewußt bewunderte Linda nämlich jene Frauen, die sich dazu überwinden konnten, ihre körperlichen Vorteile zu zeigen, so wie es beispielsweise Annette machte.

Es ging also nur darum, daß sie sich zu etwas hätte überwinden sollen und es nicht getan hat. Das Entscheidende, was wir aus dieser Geschichte lernen können, ist also, daß Lindas Mann sofort seinen Scheidungsgedanken fallen ließ und entdeckte, daß er sie immer noch liebte, als er sie zum ersten

Mal körperbetont und zur Liebe reizend gekleidet sah. Demnach ist es ein Muß für uns, unbedingt und konsequent die körperanbietende Hemmschwelle zu überschreiten.

Man bekommt im Leben leider nichts geschenkt, liebe Freundin. Glauben Sie mir, wenn es uns wirklich bedrückt, einsam zu sein, dann müssen wir auch eine gewisse Leistung erbringen, um die Situation zu ändern. Wir haben keine andere Wahl, als uns zu überwinden und unsere Reize anzubieten.

Eines dürfen Sie nicht falsch verstehen, wenn wir in diesem Kapitel ausschließlich über unsere körperlichen Anziehungsattribute sprachen, die den Mann auf uns Frauen aufmerksam machen. Natürlich forschen sie auch noch nach anderen Eigenschaften, wie Geborgenheit, oder nach Grundzügen, die unseren Charakter, unser Gemüt und unsere Seele betreffen, wie Aufrichtigkeit, Treue, Fröhlichkeit und so weiter. Tatsache bleibt jedoch, daß der Mann immer erst dann unsere übrigen Vorzüge registriert, wenn er unseren Körper als angenehm empfunden hat und er von ihm angezogen wurde.

6. Kapitel

Damen haben Vorrang

Um den Mann, den wir ins Visier genommen haben, beeinflussen zu können, müssen wir wissen, welche Wirkung unser Erscheinungsbild auf ihn ausüben soll. Ich sage absichtlich »unser Erscheinungsbild« und nicht etwa »unser Äußeres«. Denn zunächst kommt es nicht darauf an, wie wir sind, sondern wie wir wirken. Wir sehen uns mit unseren Augen, unsere Freundin sieht uns mit ihren Augen, ein Mann sieht uns mit den Augen des Mannes, ein Pferd sieht uns mit seinen Augen, und eine Libelle nimmt uns als ein aus 28.000 winzig kleinen sechseckigen Facetten zusammengesetztes Mosaikbild wahr. Bei allen aber findet die Aufzeichnung des Gesehenen nicht auf der Netzhaut, sondern im Gehirn statt.

Jedes Auge vermittelt also von uns eine andere Wahrnehmung. Es geht nicht so sehr darum, ob wir blond oder brünett, groß oder klein sind. Es geht um die verschiedenartigen Eindrücke, die in den verschiedenartigen Augen der verschiedenen Betrachter erzeugt werden. Zu diesem Gesamtbild gehört alles an uns und alles um uns herum. Unser Gang, unsere Haltung, das Spiel unserer Hände, unsere Gebärden, unser Augenaufschlag, wie wir beim Sprechen die Lippen bewegen, und unsere Art zu atmen. Aber auch der Hintergrund, vor dem wir uns bewegen, und seine Farbtöne – sei es die fröhliche Beleuchtung der Morgensonne oder die Schatten der Nacht. Denn es geht nicht um das Objekt, sondern um den Eindruck, den der Betrachter vom Objekt gewinnt.

Das ist wie bei den jungen Malern, die vor der Wende zum zwanzigsten Jahrhundert nicht mehr nur das reale Motiv auf ihre Leinwand bannen wollten, sondern vor allem die Atmosphäre, den Eindruck, die Impression, die von ihm ausging. Daher nannte man sie Impressionisten. Claude Monet sagte einmal: »Die anderen malen die Brücke, das Haus, das Schiff, und dann sind sie fertig. Ich aber will die Luft malen, in der die Brücke, das Haus, das Schiff stehen, die Schönheit der Atmosphäre, in der sie sind.«

Auch wir Frauen müssen auf die Atmosphäre achten, die wir mit unserem Erscheinungsbild verbreiten und die der männliche Betrachter empfinden wird. Denn es sind nicht nur die im vorigen Kapitel erwähnten körperlichen Magnete, welche den Mann an uns binden. Ich will es einmal auf einen ganz simplen Nenner bringen:

Wir müssen unser Bild für die Augen
des Mannes so gestalten,
daß er in uns auch eine Dame sehen kann.

Nun sollten wir uns fragen, wozu es gut sein soll, dem Mann zu zeigen, daß wir bei passenden Gelegenheiten auch eine Dame sein können. Laufen wir da nicht Gefahr, die Männer zu vertreiben, weil sie dadurch noch mehr befürchten müssen, eine Abfuhr zu kassieren?

Meine Antwort lautet: Nein, liebe Freundin. Wir werden den Mann nicht abschrecken, weil wir ihm ja gleichzeitig grünes Licht geben. Auf diese Weise wird ihn die angenehme Überraschung, von einer Dame grünes Licht zu bekommen, sofort für uns einnehmen. Es würde seinem Stolz gewaltig schmeicheln, wenn die Frau, die ihn als Beschützer ausersehen hat, eine echte Dame wäre. Für wie clever müßte man ihn da halten!

Gelegentlich auch eine Dame zu sein ist wie ein Ausweis, bei dessen Vorzeigen sich die Männer sofort bemühen, uns den Hof zu machen.

Jetzt kommt ein Punkt, den wir noch beachten sollten. Wir dürfen uns nicht zu maskulin präsentieren, sondern sollten immer versuchen, Frau zu bleiben. Glauben Sie mir, liebe Freundin, manchmal könnte es sogar von Vorteil sein, wenn Sie sich bei gewissen Anlässen mit einem todschicken Hut zeigten. Mein Co-Autor gibt Ihnen gleich einmal ein Beispiel:

Ein Freund von mir, den ich noch von der Schulzeit her kannte, war als Bauunternehmer sehr reich geworden. Er hatte sich aber seine einfache Art bewahrt und alle seine liebenswerten Eigenschaften beibehalten: seine Menschenfreundlichkeit, seine Fröhlichkeit und seine Aufrichtigkeit. Obwohl er es nicht mehr nötig gehabt hätte, packte er auf seinen Baustellen noch selbst mit an, wenn einer seiner Arbeiter nicht zurechtkam, und hatte für jeden ein gutes Wort.

Eines schönen Tages begegnete er der Frau seines Lebens. Es war ein heißer Sommermorgen, an dem auf der Baustelle alles schieflief. Zwei Bagger fielen zur gleichen Zeit aus, der Architekt war auf einen Fehler in den Plänen gestoßen, und der Bauführer mußte zum Arzt. Mein Freund befürchtete schon, daß an diesem Tag überhaupt nichts mehr funktionieren würde. Doch plötzlich löste sich alles in Wohlgefallen auf. Die Bagger liefen wieder, der Bauführer kam früher als erwartet zurück, und der Fehler im Plan hatte sich aufgeklärt.

Genau zu diesem Zeitpunkt erschien auf der Baustelle eine Dame, die einen großen, wunderschönen erdbeerroten Hut aus feinstem Tüllgewebe trug. Die Maurer hielten in ihrer Arbeit inne. Alle waren sprachlos. Jedem von ihnen konnte man ansehen, daß er wer weiß was dafür gegeben hätte, eine solch elegante Dame als Frau zu haben!

Die Frau erkannte sofort, wer hier das Sagen hatte, schritt geradewegs auf meinen Freund zu und bat ihn um eine längere Unterredung. Wann er für sie Zeit hätte?

»Hm, auf der Baustelle geht es schlecht«, meinte er, »hier kann man sich nicht in Ruhe unerhalten. Wie wäre es heute abend um sieben in der Gartenwirtschaft am Ende der Straße? Man sitzt im Freien, und es sind nicht zu viele Leute da.« Er warf einen Blick auf ihren eleganten Hut und setzte zögernd hinzu: »Es ist aber nur ein einfaches Lokal.«

»Dann ist es gut«, gab sie zur Antwort, »denn ich bin nur eine einfache Frau.«

Über diesen rätselhaften Satz dachte mein Freund den ganzen Tag nach. Er fuhr schon früh zu seiner Villa, duschte ausgiebig, zog seinen besten Anzug an und stellte überrascht fest, daß er aufgeregt war. Das kam ihm sehr ungewöhnlich vor, denn in der Baubranche galt er als Musterbeispiel unerschütterlicher Ruhe. Als nächstes ertappte er sich dabei, seinen hohen Wuchs und seine breiten Schultern im Spiegel zu bewundern. Auch das war erstaunlich, da er sich bisher nie viel um sein Aussehen gekümmert hatte. Was so ein eleganter Damenhut alles bewirkte!

Er traf schon eine Viertelstunde eher in der Gartenwirtschaft ein und wartete. Sie kam pünktlich, setzte sich zu ihm an den Tisch im Freien und trug ihm sogleich ihr Anliegen vor. Sie

suchte dringend eine Wohnung und dachte, es wäre gut, bei Neubauten nachzufragen, und zwar bereits im allerersten Stadium des Bauvorhabens.

»Ich weiß nicht, ob Sie bei uns an der richtigen Stelle sind«, überlegte mein Freund. »Es gehen zwar vier der Wohnungen nach Fertigstellung in meinen privaten Besitz über, und ich würde Ihnen auch gern eine vermieten. Aber der ganze Block ist ein Sozialbau und unterliegt den Bestimmungen, daß dort nur minderbemittelte, bedürftige Wohnungssuchende einziehen dürfen. Und so sehen Sie mir nun, weiß Gott, nicht aus!«

»Da muß ich Sie enttäuschen«, entgegnete sie ernst. »Ich arbeite als Blumenbinderin in einer Gärtnerei, und mein Lohn ist gering. Im Augenblick wohne ich in einem möblierten Zimmer bei einer älteren Bekannten. Mein Traum wäre eine eigene kleine Wohnung. Ich bin sparsam und würde die Miete schon aufbringen.«

Mein Freund war überrascht, aber keineswegs unangenehm berührt. Im Gegenteil!

»Alle Achtung!« meinte er. »Sie lassen sich nicht im geringsten anmerken, daß Sie hart zu kämpfen haben! Solche Menschen bewundere ich! Es war Ihr hübscher Hut, der mich auf die falsche Fährte brachte. Er sieht unglaublich teuer aus.«

Sie lachte und meinte: »Das war er auch. Ich mußte zwei Monate lang einen Nebenjob am Abend annehmen! ... Nun, wie sieht es aus mit meinen Chancen? Würden Sie mir eine kleine Wohnung vermieten?«

»Ihre Chancen stehen gut«, entgegnete er. »Selbstverständlich bekommen Sie eine Wohnung.«

Darauf blickte er sie eine ganze Weile schweigend an, ehe er fortfuhr: »Ich glaube, es gibt da noch eine bessere Lösung.

Dazu will ich einmal ganz ehrlich zu Ihnen sein und Ihnen einiges über mich erzählen: Als Geschäftsmann muß ich oft meinem Rang gemäß auftreten. Ich muß zu Empfängen gehen oder selbst Einladungen geben. Wer Junggeselle ist wie ich, müßte zumindest eine elegante Chefsekretärin haben, mit der er sich bei solchen Veranstaltungen sehen läßt. Ich habe gar niemand dergleichen. Wenn man eine Einladung gibt, gehört nun einmal eine Frau dazu, die repräsentieren kann. Deshalb schlage ich Ihnen ein Tauschgeschäft vor.«

»Ich besitze aber nur das eine Kleid und diesen Hut«, gab sie zu bedenken. Sie schien zu ahnen, worauf er hinauswollte.

»Das ist völlig egal. Das kann man ändern.«

»Und was ist das für ein Tauschgeschäft?«

»Ganz einfach. Sie bekommen sofort eine Wohnung, und ich verschaffe Ihnen einen hervorragend bezahlten Job. Dafür verpflichten Sie sich, weiterhin so attraktiv zu bleiben und mich bei allen derartigen Anlässen zu begleiten.«

Die Dame mit Hut blieb nachdenklich.

»Es sind keinerlei sonstigen Bedingungen dabei«, beruhigte sie mein Freund. »Sie brauchen nichts zu befürchten. Ich werde mich Ihnen gegenüber immer korrekt verhalten.«

»Gut, ich will Ihnen das glauben, denn ich habe Vertrauen zu Ihnen«, gab sie zur Antwort. »Nur weiß ich nicht, ob ich für eine andere Arbeit geeignet bin. Ich kann nicht Schreibmaschine schreiben.«

»Das brauchen Sie auch nicht. Sie bleiben in Ihrer Branche. Ich habe eben in der Innenstadt einen Neubau fertiggestellt mit einer Ladenstraße unter Arkaden. In einem dieser Läden machen wir ein nettes kleines Blumengeschäft auf. Und Sie werden es leiten.«

Es war schon immer der Traum dieser Frau gewesen, ein eigenes Blumengeschäft zu führen. Während mein Freund, der Bauunternehmer, trotz seines handfesten Berufs, oder vielleicht gerade als Ausgleich dazu, von jung auf für elegante Frauen geschwärmt und sich danach gesehnt hatte, sein Leben mit so jemandem zu verbringen. Aus diesem Grund geschah wohl auch das Unvermeidliche ... eines Tages heirateten die beiden.

Es ist natürlich klar, daß wir unseren schicken Hut nicht im Alltag aufsetzen, sondern nur bei Gelegenheiten, bei denen es unerläßlich wird, den Männern zu zeigen, was Sache ist! Nämlich, daß wir uns auch als Lady sehen lassen können! Zum Beispiel bei einer Feier, einem Empfang, einem Fest, bei Pferderennen, bei Kurkonzerten oder beim sonntäglichen Kirchgang. Und auch bei einer Taufe, einer Hochzeit, einer Beerdigung und ähnlichen Anlässen.

Zeigen Sie, daß Sie auch eine Dame sein können!

Bei alldem muß man bedenken, daß jede Veränderung, die wir an uns vornehmen, nicht nur im Hinblick auf die Männer wichtig ist, sondern auch für uns selbst! Wir fühlen uns ganz anders, wenn wir mit unserem Aussehen rundum zufrieden sind, denn wir werden eine viel bessere Meinung von uns selbst bekommen und das Gefühl, daß wir einmalig sind. Ja, es stimmt, wir sind e i n m a l i g ! Kein anderer Mensch auf dieser Erde besitzt unsere Gene, unsere Blutzusammensetzung, unsere Fingerabdrücke. Niemand hat

unseren Sprachtonfall, niemand unsere spezifische Gefühls-welt, niemand unsere Träume. Wir sind das, was der Samm-ler ein UNIKAT nennt: ein einzigartiges, auch in Jahrtausen-den nicht mehr wiederkehrendes Kunstwerk der Schöpfung. Wieviel Genialität mußten die Schöpferkräfte aufbringen, um so etwas zu schaffen!

Das ist durchaus ein Anlaß zum Feiern. Gönnen wir uns einmal eine kleine Freude. Wie wäre es, wenn wir uns hübsch zurechtmachten, unseren schicken Hut aufsetzen und in die nächste Großstadt fahren würden? Lassen wir uns in der Halle des ersten Hotels am Platz in einen der bequemen Sessel nieder, und bestellen wir ein Kännchen Kaffee und ein Stück Kuchen. Entspannen wir uns, und lauschen wir den beruhigenden Klängen des Pianospielers, der zur Teezeit die Gäste mit Evergreens erfreut. Heute geht es einmal nicht darum, ob wir anderen gefallen, sondern darum, daß wir uns selbst gefallen. Der Gedanke, daß wir das Beste aus uns ge-macht haben, stimmt uns froh gelaunt. Und froh durchs Leben zu gehen ist schließlich der Sinn des Daseins.

Am Anfang widersteht eine Frau dem Ansturm eines Mannes, am Ende verhindert sie seinen Rückzug.

Oscar Wilde (1854–1900)

7. Kapitel

Welcher ist der Richtige?

Daß Sie sich für dieses Buch interessierten und es erworben haben, liebe Freundin, ist der Beweis Ihrer Zugehörigkeit zum Lager der für einen Mann überaus wünschenswerten Lebenspartnerinnen: ... nämlich Lebenspartnerinnen, die den Mann verstehen möchten, um ihn glücklich machen zu können. Es gibt andere Frauen, die wollen keine Ratschläge hören, weil sie nur darauf bedacht sind, möglichst rasch irgendeinen Ehemann an Land zu ziehen.

So zielten alle unsere Bemühungen der vorausgegangenen Kapitel nicht darauf, irgendeinen Mann zu bekommen, sondern darauf, daß wir viele auf uns aufmerksam machen. Um jeden Mann einzeln unter die Lupe nehmen zu können und unter allen den für uns richtigen herauszufinden

Aber welcher ist nun der Richtige? Eine schwierige Frage! Es darf kein Zweifel bestehen, daß es sich hierbei um eine zutiefst persönliche Angelegenheit handelt, welche einer individuellen Antwort bedarf, die bei jeder von uns grundverschieden sein kann.

Um zu wissen, wer zu uns paßt, müssen wir zuerst einmal erkennen, wer wir selbst sind. Wir müssen uns auf der einen Seite über unseren ganz persönlichen Geschmack in den verschiedensten Dingen und über unsere sonstigen Neigungen klarwerden. Und auf der anderen Seite müssen wir feststellen, was uns bei Menschen zuwider sein kann und welche Verhaltensweisen wir nicht ertragen könnten.

Die These »Gegensätze ziehen sich an« hat zwar ihre volle Berechtigung. Aber es ist eine physikalische These und bezieht sich nur auf physikalische Merkmale wie Temperament, Körpergröße, Körperform oder Hautfarbe. Solche Unterschiede können sogar als Gewürz wirken, das eine Ehe interessanter macht. Wenn es aber um abstrakte Eigenheiten wie eingefleischte Ansichten und Interessengebiete geht, bergen Gegensätze eine reelle Gefahr für eine Ehe. Darum ist es ausschlaggebend, daß der Mann, den wir im Visier haben, in den wesentlichen Dingen des Alltags und des Lebens ähnlich denkt wie wir.

Wenn wir zum Beispiel große Furcht vor waghalsigen Sportarten empfinden, wenden wir uns besser nicht Männern mit derartigen Leidenschaften zu, denn wir könnten mit einem Rennfahrer, Boxer oder Stuntman nicht glücklich werden, da wir uns in ständiger Angst um sein Leben befänden. Suchen wir uns in so einem Fall lieber einen ruhigen Mann, der genau wie wir gern durch Wälder und Wiesen wandert, um die Natur zu betrachten. Ihm können wir die Kameradin sein, die er sich erhofft. Mit ihm haben wir immer einen gemeinsamen Gesprächsstoff und gemeinsame Freuden. Wir werden uns auf Kinder freuen – wenn wir noch jung genug dazu sind, welche zu bekommen –, die mit uns wandern und denen unser Mann Blumen und Vögel zeigt und erklärt. Das Leben wird für Sie beide schön sein.

Die mütterliche, fürsorgliche Frau wiederum, die ganz in Heim und Familie aufgeht, dürfte sich äußerst wohl fühlen, wenn ihr Mann ein zerstreuter Wissenschaftler wäre, der am liebsten zu Hause arbeitet und praktischen Dingen des Lebens ein wenig hilflos gegenübersteht. Den darf sie nun nach Herzenslust bemuttern und dem darf sie den Kleinkram des Alltags abnehmen, damit er sich unbesorgt seinen Forschungen widmen kann. Für so eine Frau wäre zum Beispiel ein Karrieremann eine herbe Enttäuschung, weil der immer nur in Eile seine Bordtasche zu packen pflegt und sie bei ihm nie wüßte, wann er wieder bei seiner Familie erscheinen wird.

Sind wir zum Beispiel musikalisch und können ohne Musik nicht sein, so werden wir mit einem unmusikalischen Mann nie harmonieren können. Wie schön wäre es dagegen, wenn wir einen Partner hätten, der selbst Musik liebt! Einer, der uns zu Aufführungen begleitet und sich ebenso daran erfreut wie wir. Einer, mit dem wir anschließend Gespräche über die gehörten Werke führen können und der auch zu Hause mit uns Musik hört. Mit so einem Mann würde unser Leben seine ganze Fülle bis ins hohe Alter bewahren.

Wir sehen also, wie wichtig die Harmonie der Neigungen für eine Partnerschaft ist und daß dieser Punkt oft unterschätzt wird.

Merken wir uns:
Ansichten, Neigungen und Geschmack
eines Partners
können wir nicht ändern!

Deshalb sollten wir von vornherein auf den Gleichklang von Veranlagung und Interessen achten, denn sie sind die beste Garantie für eine glückliche Verbindung. Ein zweiter, ebenso wichtiger Punkt ist, daß wir uns darüber klar sein sollten, daß alle in Frage kommenden Männer neben ihren Vorzügen auch ein paar Fehler und Schwächen mitbringen. Nur wenn wir seine Schwächen einigermaßen sympathisch finden und sie uns nicht wirklich stören, wird eine glückliche Partnerschaft zustande kommen.

Es kann zum Beispiel vorkommen, daß einer Frau ein mangelndes Zeitgefühl angeboren ist und sie dadurch trotz aller Bemühungen fast überall zu spät kommt und nie genau weiß, wieviel Uhr es ist. So paßt sie vielleicht ganz gut zu einem Kunstmaler. Denn wenn diesem, in seine Malerei im Atelier versunken, mittags einfällt, daß er noch gar nicht gefrühstückt hat, dann wird so eine Frau das nicht als störend empfinden. Vielleicht ist sie sogar froh, endlich jemanden gefunden zu haben, dem es in bezug auf Zeitgefühl genauso ergeht wie ihr. Wäre dieselbe Frau aber mit einem pünktlichen Beamten verheiratet, käme es sicher laufend zu Auseinandersetzungen.

Nun sollte uns aber klar sein, daß fast jeder Mensch zu Beginn einer Bekanntschaft so gut wie nichts über seine Schwächen erzählt. Wir müssen also selbst darangehen, die Fehler des Mannes ausfindig zu machen, der uns interessiert. Streben wir daher bereits bei der ersten Bekanntschaft die Enthüllung des anderen an! Fragen wir ihn ruhig ein wenig aus.

Umgekehrt müssen auch wir beim Kennenlernen natürlich bleiben und nicht unsere Schokoladenseite hervorkehren. Schildern wir dem möglichen Partner ruhig ganz offen unsere Fehler. Denn nur wenn ihm auch unsere Schwächen sympathisch sind, wird eine Verbindung halten. Wenn er sie dagegen nicht ertragen kann, dann war er auch nicht der Richtige für Sie und Sie nicht die Richtige für ihn. Wir tun also sowohl uns als auch ihm einen Gefallen, wenn wir ganz offen sind.

Vielleicht sollte ich auch noch darauf hinweisen, daß es nicht ganz ungefährlich ist, sich bei der Auswahl nur auf eine gehobene Berufsgruppe oder eine elitäre Gesellschaftsschicht zu konzentrieren. Wenn eine Krankenschwester unbedingt den Chefarzt heiraten will und sonst keinen, sollte sie sich nur dann diesen Mann mit großen beruflichen und gesellschaftlichen Verpflichtungen aussuchen, wenn sie sich selbst in diesem Milieu wohl fühlt und nicht in eine völlig fremde Welt gerät, der sie nicht gewachsen ist.

Wir haben nun die hauptsächlichen Gründe gehört, warum wir vorab prüfen müssen, ob er zu uns paßt. Man könnte dazu noch zahlreiche Beispiele anführen. Aber Sie haben sicher verstanden, liebe Freundin, worum es geht. Nämlich darum, daß für jede von uns ein anderer der Richtige ist, denn nicht alle Frauen sind auf den gleichen Mann programmiert. Wenn wir also einen Mann finden, der das, was wir mögen, auch mag und dem das, was uns mißfällt, auch mißfällt, dann gehört er unbedingt schon einmal in die engere Wahl!

8. Kapitel

Wo finden wir den richtigen Partner?

Hier sind wir nun beim letzten Kapitel angelangt, in welchem wir uns nur noch darauf konzentrieren wollen, unseren Partner aufzuspüren. Dazu müssen wir ganz bestimmte Orte und Gelegenheiten ausfindig machen.

Nun werden Sie vielleicht enttäuscht sein, liebe Freundin, und fragen, wieso Sie den Mann selbst suchen müssen, der für Sie bestimmt ist. Ich hatte Ihnen doch versprochen, daß die Vorsehung ihn uns zuführt, sobald wir unsere fünf Aufgaben erledigt haben! Als Antwort will ich einen alten Scherz zitieren, in dem eine große Wahrheit steckt:

Ein armer Mann beschwert sich: »Lieber Gott, warum läßt du mich nie in der Lotterie gewinnen?« Darauf ertönt eine tiefe Stimme aus den Wolken: »Gib mir eine Chance! ... Kauf endlich ein Los!«

Genau das ist der Punkt, auf den es auch hier ankommt! Wir können auch am Schluß unserer Bemühungen vom Kosmos keine Wunder verlangen, wenn wir die Hände in den Schoß legen.

Damit geschehen kann, was nach der Vorsehung geschehen soll, bekommen wir bestimmte Zeichen, treffen auf bestimmte Personen, die uns veranlassen, bestimmte Dinge zu tun. Nur aus der Aktivität heraus kann sich der Wechsel der Zustände entwickeln und das erhoffte Wunder eintreten. – Bitte haben Sie auch für Ihre letzte Aufgabe Verständnis, liebe Freundin, denn wie soll einer Frau der richtige Partner zugeführt werden, wenn sie einsam in ihrem Zimmer sitzt und wartet?

Früher lebten die Menschen in viel engerer Gemeinschaft: Großeltern, Eltern, Kinder und Enkelkinder wohnten zusammen; dazu noch Schwestern und Brüder von Eltern und von Großeltern, wenn sie keinen eigenen Familienclan hatten. Desgleichen pflegte man auch engen und ständigen Kontakt zu den nachbarlichen Großfamilien, und in der Dorfgemeinschaft war jeder auf jeden angewiesen, jeder wurde gebraucht: ... der Hufschmied, der Müller, der Bäcker, der Landmann, der Kürschner, die Krämersfrau, der Barbier, die Hebamme, der Zeugmacher, die Flickschneiderin, der Schuster, der Schornsteinfeger, der Töpfer, der Briefträger, der Zimmermann und all die anderen, die auf irgendeine Weise dazu beitrugen, das gemeinschaftliche Leben des Dorfes zu ermöglichen. Man grüßte sich auf der Straße, hielt ein Schwätzchen mit der Krämersfrau oder dem Briefträger, tauschte Neuigkeiten aus und war stets über jeden einzelnen informiert.

Damals gab es immer wieder Anlässe, bei denen man sich versammelte, um im Dorfkrug eine Kindstaufe, eine Firmung oder Konfirmation oder eine Hochzeit mit Essen und Tanz zu feiern. So hatten es die Frauen nicht schwer, beim täglichen Zusammenleben mit Männern, von diesen umworben zu werden. Das ergab sich alles ganz von selbst. Wenn wirklich eine unverheiratet blieb, weil sie vielleicht zu wählerisch gewesen war, so bot sich immer noch die Chance, einen älteren Freier zu finden, der Witwer geworden war. Heute haben wir Frauen es schwerer und müssen größere Anstrengungen unternehmen, um zu einem geeigneten Mann zu kommen. Insbesondere, da unsere Gesellschaft auf eine zunehmende Isolation des Individuums zudriftet. Statt dem Kassierer der Bank sein Anliegen vorzutragen, holt man sich die Scheine aus dem Geldautomaten, kauft das, was man braucht, schweigend in riesigen Supermärkten oder per

Teleshopping. In seiner Freizeit geht man ins Internet, oder man verbringt sie vor dem Fernseher. Was man wissen muß, erfährt man über Lautsprecher, und niemand begibt sich noch zu einem Bekannten in die Wohnung, um ihn etwas zu fragen, da man ja nur sein Handy aus der Handtasche oder der Sakkotasche zu ziehen braucht.

Bei Reisen, die früher in der Postkutsche Wochen gedauert hätten, mit tausend Gesprächen unter den Mitreisenden, täglichen Übernachtungen und gemeinsamen Mahlzeiten in Gasthöfen, sitzt heute der Herr mit der Börsenzeitung neben der Dame, die sich mit dem Kopfhörer des Walkmans die Ohren verstopft hat. Beide bringen es fertig, nebeneinander Tausende Kilometer im Jumbo zurückzulegen, ohne während des ganzen Fluges auch nur ein einziges Wort miteinander gewechselt zu haben.

All das wären erschreckende Perspektiven, meine liebe Freundin, entstünde nicht, wie stets bei der Überspitzung einer Entwicklung, auch in unseren Tagen der rettende Gegentrend. So schwappt heute auf die westliche Welt die Nostalgiewelle über. Die Leute gehen wieder öfter ins Theater, ins Konzert, ins Kino oder sehen sich ein Musical an. Sie schließen sich in Freizeitclubs zusammen, buchen ein Dauerabonnement für ein Fußballstadion oder organisieren Partys. Man spielt Tennis oder Golf, man musiziert wieder miteinander, macht gemeinsame Studienreisen, besucht Hobbyseminare, Tanzabende und Gartenpartys oder was sonst noch alles möglich ist, um der Isolation ein Schnippchen zu schlagen. – Daraus ergibt sich für uns eine ganz klare Folgerung: Auf dieser Welle müssen wir reiten! Diesen Trend gilt es auszunützen, um an den richtigen Mann zu kommen!

Glauben Sie mir, liebe Freundin, es ist heute in Mode gekommen, daß die Frau aktiv wird und häufig die ersten Worte spricht. W i r müssen die Initiative ergreifen! W i r müssen uns aufraffen und für den Tag oder Abend einen Plan für einen Streifzug entwerfen. Dazu müssen wir unseren Kleiderschrank durchforsten, um für das heutige Programm das Passende zu finden. Und dann müssen wir uns zu unserer neuen Freizeitbeschäftigung aufmachen: der Suche nach unserem Mann!

Wir wissen ja: Es gibt ihn, und irgendwo wartet er auf uns. Bleiben wir also von diesem Augenblick an so lange aktiv, bis wir ihn gefunden haben! Denken wir abends vor dem Einschlafen an ihn, und schalten wir unser Unterbewußtsein ein. Bitten wir es, ihn zu finden. Es wird uns zu ihm führen, wenn wir mithelfen und durch alle Gebiete streifen, in denen er sich aufhalten könnte.

Ich mache mich fleißig auf die Suche.

Nun muß ich Sie auf etwas Wichtiges aufmerksam machen: Gehen Sie nie mit einer Freundin, sondern stets allein auf Partnersuche! Sie nehmen sich sonst fünfzig Prozent Ihrer Chancen, weil viele Männer enorme Schwierigkeiten haben, einer Frau ihre Sympathie zu gestehen, wenn eine andere dabei ist, die vielleicht auch ein Auge auf sie geworfen hat. Ich bitte Sie, mir zu glauben, daß ich Sie sehr gut verstehe, liebe Freundin, und weiß, daß das, was ich hier von Ihnen verlange, Ihnen unter Umständen schwerfallen mag. Sich als Frau ganz allein auf irgendeine Veranstaltung zu begeben, wo man niemanden kennt, kann für einige von uns eine

Hemmschwelle sein, die zu überwinden sie sich scheuen. Es ist aber nur eine gedankliche Gewohnheit, und Sie werden sehen, daß es Ihnen nach anfänglicher Überwindung durchaus Spaß machen und mit einem gewissen Stolz erfüllen wird, allein irgendwo hinzugehen, um sich mit interessanten Leuten zu unterhalten.

Außerdem kann ich Ihnen etwas sehr Beruhigendes sagen, liebe Freundin: Dieser letzte Schritt, der Schritt der aktiven Anbahnung, läßt sich viel, viel leichter gehen, als Sie denken! Weil er stets im vertrauten Umfeld einer Gruppe vollzogen wird – in einem Club, einem Verein, einem Abendseminar, einer Tanzveranstaltung, einer Theatergesellschaft, einer Gartenparty und so weiter. Dagegen verlangten unsere früheren Ausstrahlungsübungen an wildfremden Männern auf der Straße ein weit höheres Maß an Selbstüberwindung! Während einer Theaterpause klingt es ganz natürlich, wenn wir uns bei dem Herrn, der an der Bar des Foyers neben uns steht, nach der Länge der Pause erkundigen. Wir wollen ja nur wissen, ob wir noch einen Orangensaft bestellen können. Genauso ungekünstelt wirkt es, wenn wir auf einer Gartenparty oder am Ende eines Konzerts einen der männlichen Anwesenden nach der Uhrzeit fragen. Übrigens wäre es in diesem Sinne nicht schlecht, bei unseren Streifzügen absichtlich keine Uhr mitzuführen, auch keinen Kugelschreiber, kein Notizblatt. Die Mutigen unter uns vergessen vielleicht sogar ihren Regenschirm zu Hause, wenn sie auf der Suche nach einem Partner sind.

Ich hatte eine Freundin, die ein ausgefalleneres Rezept anwandte, wenn sich einfach keine Gelegenheit ergab, mit dem Mann zu reden, mit dem sie ins Gespräch kommen wollte. In

so einem Fall schüttete sie ihm einfach »aus Versehen« ein
wenig Mineralwasser über die Hose. Daraufhin kam es natür-
lich sofort zu einer Unterhaltung, denn sie mußte sich ent-
schuldigen, und er mußte ihr sagen, daß es nicht so schlimm
sei.

Wenn die Männer auch bequem geworden sind, eine gewisse
Ritterlichkeit gegenüber hilfsbedürftigen Frauen, welche
sich in einer mißlichen Lage befinden, haftet ihnen nach
wie vor an. Ganz unbewußt kommt hier wieder die Pose des
starken Mannes zum Vorschein. Er empfindet es als schmei-
chelhaft, daß eine Frau sich gerade an ihn wendet, wenn sie
Schutz und Hilfe braucht. Noch dazu, wenn es sich um eine
Dame handelt, die ihm ein reizenden Lächeln geschenkt
hat. Wir können also darauf vertrauen, daß uns der Mann,
den wir kennenlernen möchten, auf unsere Frage oder Bitte
um Rat sehr höflich antworten wird, da er annimmt, daß er
uns mit seiner Information helfen kann.

Als nächstes überlegen wir, wo und wann sich für uns die
günstigsten Gelegenheiten für ein zwangloses Kennenlernen ergeben. Wir wollen die verfügbaren Schauplätze für
eine Anbahnung einzeln aufzählen und ein Ortsverzeichnis
aufstellen, das uns sagt, wo sich viele Männer aufhalten, mit
denen wir auf unkomplizierte Weise in Kontakt kommen
können. Gewiß ergeben sich nicht sofort Resultate, wenn
wir uns nur ein einziges Mal unter die Besucher einer bestimmten Veranstaltung mischen. Es ist auch bei diesem
letzten Schritt notwendig, eine gewisse Ausdauer an den Tag
zu legen.

Außerdem spielt natürlich unser Wohnort eine gewisse Rolle, ... ob wir auf einem Einödhof in der Heide leben, in einer

kleinen Ortschaft, einer Kreisstadt oder einer Großstadt. Das heißt, wir müssen möglicherweise unsere Freizeit in der nächsten größeren Stadt verbringen, wenn dort, wo wir wohnen, zu wenige »Karpfen im Teich« sind. Falls wir mit dem Zug fahren, sollten wir uns vielleicht gleich eine verbilligte Monatskarte zulegen. Ganz allgemein lautet die Regel, einfach dorthin zu gehen, wo Menschen zu einem bestimmten Freizeitzweck zusammenkommen.

Liebe Freundin, ich stelle Ihnen nun die erfolgversprechendsten Orte und Gelegenheiten für eine Partnersuche vor. Es ist nur eine Auflistung von Möglichkeiten, die zur Auswahl stehen. Selbstverständlich bitte ich Sie nicht, nun die Umsetzung jedes dieser Vorschläge in Angriff zu nehmen. Sie suchen sich ganz einfach jene heraus, die Ihnen sympathisch sind und bei denen Sie sich absolut wohl fühlen.

Als wichtigstes gilt es, immer über die Termine solcher Gelegenheiten informiert zu sein. Am besten besorgen wir uns regelmäßig am Zeitungsstand einen Veranstaltungskalender für den laufenden Monat. Wir werden über die Vielzahl der Möglichkeiten zum Kennenlernen von Männern erstaunt sein, die wir darin finden. Denn im Inhaltsverzeichnis stehen Aufführungsdaten von Oper, Operette, Schauspiel, Komödie, Kabarett, Kleinkunst, Volkstheater, Brauchtum, Folklore, Volksmusik, Konzerte, Shows, Zirkus. Ferner Kongresse, Tagungen, Messen, Vorträge, Lehrgänge, Abendkurse, Kunstausstellungen, Museen, Sammlungen, Sportereignisse, Bälle, Tanzvergnügungen und was es sonst noch alles gibt!

Messen und Ausstellungen

Ich halte Messen und Ausstellungen für hervorragende Jagdgründe. Von Modemessen abgesehen, tummeln sich hier auf überdachtem Großraum täglich Tausende von Männern. Sie bewegen sich in unserer unmittelbaren, greifbaren Nähe und sind auf die einfachste Weise ansprechbar.

Stehen wir zu Beispiel auf einer Boots- und Caravanmesse vor einem Wohnwagen, und halten wir einen Herrn in unserer Nähe für interessant genug, um ein Gespräch mit ihm zu beginnen, so geht das spielend leicht. Er wird uns bereitwillig Auskunft geben, ja wahrscheinlich sogar einen längeren Vortrag halten, wenn wir ihn nach den Vorteilen und Nachteilen einer Gasheizung in Campingfahrzeugen fragen. Oder wir erkundigen uns auf der Handwerksmesse bei einem sympathisch erscheinenden Besucher, welches der beste Bodenbelag für eine Küche sei.

So gibt es übers Jahr verteilt eine Reihe von Fachmessen – seien es medizinische Messen, Sportmessen, Backwaren- oder Süßwarenmessen, Möbelausstellungen, Buchmessen, Lederwarenmessen, Uhren- und Schmuckmessen, Optik- oder Elektronikmessen, Touristikmessen, Frühjahrsmessen, Herbstmessen, Automobilsalons oder landwirtschaftliche Ausstellungen –, auf denen sich die verschiedensten Anbahnungschancen ergeben.

Auf dem Messegelände finden wir auch Cafés und Imbißstuben, in denen wir uns ohne weiteres zu einem Herrn an den Tisch setzen können, um rasch eine Tasse Tee zu trinken. Nachdem auf den meisten Messen die Männer in der Überzahl sind und ein gemeinsamer Gesprächsstoff geradezu auf

der Hand liegt, darf man hier die Chancen für eine zwanglo-
se Anbahnung als hervorragend einstufen.

 ## *Museen und Kunstausstellungen*
Vieles, was für Messen gilt, trifft auch auf Muse-
en zu. Nur ist hier im allgemeinen das Verhält-
nis von Männern zu Frauen nicht so günstig. Nun kann es
natürlich sein, daß manche von uns zögert, in eine Gemälde-
galerie zu gehen, aus Angst, auf dem Gebiet Kunst nicht
genügend bewandert zu sein, um da mitreden zu können.
Diese Befürchtung ist aber unbegründet. Denn jeder ist berechtigt, die Gemälde in einem Kunstmuseum zu besichtigen und sie nach seinem ganz privaten Geschmack zu beurteilen, selbst wenn er nicht die geringste Vorbildung auf
diesem Gebiet mitbringt. Oft bereitet es gerade dem, der
unvoreingenommen und ohne theoretische Gelehrsamkeit
berühmte Bilder betrachtet, ein viel intensiveres Erlebnis als
solchen, die das alles schon zwanzigmal gesehen haben und
jeden Katalog auswendig kennen.

Wir sollten wirklich von Zeit zu Zeit in ein Museum gehen,
auch wenn wir auf dem Land wohnen oder keine höhere
Schule besuchen durften. Es mißfällt keinem Mann, von uns
zu hören, daß wir über den Maler, vor dessen Bild wir stehen,
nichts wüßten. Bitten wir ihn ruhig, uns etwas über dieses
Gemälde zu sagen. Es ist Balsam für die Seele des Mannes,
einer Dame vorführen zu können, was er alles weiß. Wenn
wir ihm diese Gelegenheit geben, kann es unter Umständen
sein, daß wir ihn so schnell nicht mehr loswerden.

Theater

Theater ist ein weiter Begriff. Oper, Operette, Ballett, Musical, Schauspiel, Werkraumtheater, Volkstheater: das alles fällt unter diesen Begriff. Der Vorteil liegt also darin, daß wir uns jene Art aussuchen können, die uns am besten gefällt. Ein Nachteil ist allerdings, daß Theaterkarten nicht billig sind und wir sicher öfter Vorstellungen besuchen müssen, um einen Erfolg zu erzielen.

Aber auch hier ergibt sich alles ganz natürlich. Denn es ist üblich, daß Theaterbesucher in den Pausen ungezwungen über das Stück sprechen; wodurch es keinem Mann in den Sinn käme, eine die Aufführung betreffende Frage oder Bemerkung einer Dame unbeantwortet zu lassen. Im Theater kommt die Gemeinsamkeit des Erlebnisses am stärksten zum Tragen. So daß fast immer auch nach der Vorstellung – sei es am Ausgang oder in einem nahe gelegenen Theatercafé – noch Gespräche angeknüpft oder fortgesetzt werden. Man kann also sagen, daß Theateraufführungen ein durchaus erfolgversprechendes Feld für unsere Aktivitäten darstellen.

Konzerte

Auch beim Konzert sitzen wir mit Menschen zusammen, die am gleichen interessiert sind, nämlich an der Aufführung dieses speziellen Musikereignisses. Auch hier können und sollten wir uns diejenige Sparte aussuchen, die uns liegt und über die wir mit jemandem zu sprechen imstande sind. Das kann Mozart sein, das können Schubertlieder, Kammermusik, Chöre, Orgel-, Bläser- oder Streichkonzerte oder Passionsgesang sein. Auch Schlagerfestivals, Popkonzerte, Jazzabende, Bigband-Swing-

Orchester, Veranstaltungen mit Country-Music oder eine der zahllosen, äußerst beliebten Volksmusikveranstaltungen.

Verglichen mit dem Theater stehen beim Konzert die Chancen, einen Mann kennenzulernen, etwas geringer. Die Pausen dauern nicht so lange, und man redet seltener mit einem fremden Menschen. Meist fehlt auch eine Pausenbar, an der wir etwas trinken und ein Gespräch beginnen könnten. Am günstigsten sind noch Kurkonzerte oder überhaupt Konzerte im Freien. Da geht es lockerer zu. Man steht dicht beisammen um das Podium oder um den Pavillon herum. Die Stücke sind kürzer, wobei in den Pausen häufig mit dem Nachbarn ein paar Worte über die Qualität des Orchesters oder die Auswahl der Stücke gewechselt werden.

 ## Abendkurse

Hier haben wir eine Art von Freizeitbeschäftigung, liebe Freundin, bei der ich persönlich eine der besten Möglichkeiten sehe, unseren zukünftigen Ehemann zu entdecken. So ist es zum Beispiel in London für eine Vielzahl von Frauen und Männern gang und gäbe, ganz gezielt Abendkurse zu besuchen, um in der riesigen Stadt den passenden Partner fürs Leben zu finden.

Als erstes besorgen wir uns dazu ein Veranstaltungsprogramm der Volkshochschule, die wir besuchen möchten. Wir werden überrascht sein, was da alles geboten wird. Wie wäre es zum Beispiel mit einem Sprachkurs für Anfänger? Oder wir fühlen eine künstlerische Ader in uns und wollen ein paar Fähigkeiten in Zeichnen und Malen entwickeln oder in einem Kunsthandwerk wie Töpferei oder Glasmalerei. Wir können auch Vorlesungen besuchen über Garten, über Pflanzen- und Tierwelt, über unsere Heimat. Oder über Entspannung, Meditation und gesundheitsbewußte Ernährung.

Im Laufe eines solchen Kurses treffen wir im Lehrsaal über einige Zeit die gleichen Leute an. Es gibt soviel gemeinsamen Gesprächsstoff, daß Unterhaltungen unter den Kursteilnehmern geradezu unvermeidlich sind. In den Pausen fragt man den anderen, wenn man etwas nicht verstanden hat. Man kann jeden um Erklärung und Hilfe bitten. Die meisten setzen sich nachher noch in ein Café oder eine Eisdiele, um über das Unterrichtsthema weiterzudiskutieren. Somit entstehen dann ganz automatisch Bekanntschaften, welche zu einer Partnerschaft fürs Leben führen können.

Freilich sollten wir uns nur solche Gebiete aussuchen, die uns wirklich interessieren und bei denen genügend Männer teilnehmen. Damit haben wir auch die Garantie ähnlicher Interessen geschaffen, falls wir hier den Mann kennenlernen sollten, den wir uns wünschen.

Tanzveranstaltungen

Ich möchte nicht behaupten, daß Tanzveranstaltungen der ideale Ort sind, um unseren späteren Ehemann kennenzulernen. Aber wenn Sie zufällig zu jenen gehören, denen es Vergnügen macht, das Tanzbein zu schwingen, dann sollten Sie diese Lieblingsbeschäftigung für Ihre Partnersuche nützen. Es gibt ja sowohl auf dem Land als auch in der Stadt immer noch eine ganze Palette von herkömmlichen Tanzvergnügungen: Tanzabende, Tanzkurse für die verschiedensten Tanzstile, Faschingsbälle, den Tanz in den Mai, Schützenfeste mit Tanz, Tanzclubs, Tanz auf Ausflugsdampfern und bei Schiffsreisen.

Der Vorteil, einen Mann beim Tanzen kennenzulernen, liegt darin, daß wir seinen Körper hautnah fühlen und somit imstande sind, seine Anziehungskraft auf uns zu prüfen. Auch können wir feststellen, ob er Mund- oder Körpergeruch hat, ob er gehemmt oder locker ist.

Ohne jemandem nachlaufen zu müssen, werden wir in diesem Umfeld von einem Mann kontaktiert und auf die Tanzfläche geführt und sind bereits nach ein paar Sätzen in der Lage, seinen Bildungsgrad und seine Manieren einzuschätzen. Ist er uns sympathisch und legen wir Wert darauf, wieder von ihm geholt zu werden, so brauchen wir kein Wort zu sagen. Ein leichter Druck unserer Hand, ehe er uns an unseren Platz zurückführt, genügt. Er wird verstehen, was wir meinen. Ich bin auch sicher, daß wir nicht zu jenen gehören, die während der ganzen zwei oder drei Stunden einsam an ihrem Tisch sitzen und von niemandem aufgefordert werden, was sehr frustrierend sein kann. Unsere Körperbetonung durch die Kleidung und unser ruhiges Lächeln werden dafür sorgen, daß unser Charme von den um uns herumsitzenden Männern bemerkt wird und genügend Attraktion ausübt, daß wir öfter aufgefordert werden.

Der Nachteil einer Tanzveranstaltung besteht darin, daß nicht w i r den Mann für ein Gespräch aussuchen, sondern – es sei denn, es war Damenwahl – darauf angewiesen sind, mit dem zu tanzen, der gerade daherkommt. Wenn er uns nicht sympathisch ist und uns nun zu jedem Tanz auffordert, müssen wir ihn erst wieder loswerden. Aber trotzdem sind schon manche Ehen als Folge einer Tanzveranstaltung zustande gekommen.

Falls wir auf diese Art Männer kennenlernen wollen, sollten

wir auch hier immer über die Termine solcher Gelegenheiten informiert sein.

Reisen und Urlaub

Im Urlaub ist es nicht schwer, Männerbekanntschaften zu machen: am Frühstückstisch, Swimmingpool oder Strand, bei Tanzveranstaltungen, Rundfahrten oder Gruppenwanderungen. Der Nachteil liegt nur darin, daß die in Frage kommenden Männer meist weit von unserem Heimatort wohnen und daß sie sich im Urlaub gelegentlich als frei ausgeben, während sie in Wirklichkeit zu Hause eine Freundin oder gar eine Ehefrau haben. Was wir vom Urlaubsort aus gar nicht und von unserem Wohnsitz aus nur schwer feststellen können.

Selbst wenn sie noch ungebunden sind, so haftet einer Urlaubsromanze doch immer der Beigeschmack einer kurzlebigen Affäre an. Trotzdem sind auch auf solche Art schon glückliche Beziehungen zustande gekommen. Wenn wir also schon einmal in Urlaub sind, sollten wir uns um Kontakte zu Männern bemühen, auch auf die Gefahr hin, diese später wieder aussortieren zu müssen.

Am besten eignen sich organisierte Busreisen oder andere organisierte Gesellschaftsreisen, die in unserem Heimatort starten und dort enden. Da handeln wir uns wenigstens nicht Bekanntschaften mit Menschen ein, die weit von uns entfernt leben und mit denen die Verbindung nur durch ständiges Briefeschreiben aufrechtzuerhalten ist. Es können Tagesfahrten sein oder längere Reisen mit Übernachtungen. Da wird öfter angehalten, um etwas zu besichtigen oder um irgendwo Mittag zu essen oder nachmittags Kaffee zu trinken. Da sitzt man dann an einem Tisch zusammen und unterhält sich. Dies sind alles Dinge, die schließlich doch noch für Anbahnungen während des Urlaubs sprechen.

Sport

Ich möchte Ihnen nicht raten, ein Fußball-stadion zu besuchen, liebe Freundin, wenn Fuß-ball Sie in keiner Weise interessiert – auch wenn dies die einzige Gelegenheit ist, wo bis zu zehntausend Männer um sie herumsitzen. Man dürfte es Ihnen nur dann empfehlen, wenn Sie eine glühende, fanatische, leidenschaftliche Anhängerin eines bestimmten Fußballvereins wären und wie manche Männer nachts von Fußball träumten!

Dagegen läuft alles anders, wenn wir selbst irgendeinen Sport treiben und uns in dessen engem Bereich nach einem Partner umsehen. So ergeben sich zum Beispiel beim Win-tersport die romantischsten Gelegenheiten, jemanden ken-nenzulernen, der zu uns paßt. Man spricht nicht umsonst vom Hüttenzauber. Damit ist jene anheimelnde Stimmung der warmen, holzgetäfelten Stube einer bewirtschafteten Almhütte gemeint, wo man, hauteng zusammengerückt, bei Akkordeonmusik ein Liedchen singt. Und das, während sich am Winterabend draußen ein sternenübersäter Him-mel über die verschneite Kulisse von Berg und Tal ausbreitet. Bei soviel Romantik ist es wahrlich keine Kunst, Bekannt-schaften fürs Leben zu schließen.

Es ist häufig zu beobachten, daß diejenigen unter uns, die so gut wie keinen Sport treiben, fast immer ganz passabel schwimmen können und es auch gerne tun. Nützen wir doch diese Vorliebe, und gehen wir ins Hallenbad, ins Freibad oder ans sommerliche Ufer eines Badesees, um im Wasser nach unserem Mann Ausschau zu halten. Beim Baden sehen wir auch gleich, ob seine Statur unseren Vorstellungen entspricht, und er bekommt einen exakteren Einblick in unsere speziellen körperlichen Reize.

 ### Kirchgang, Taufen, Hochzeiten, Partys
Wir haben nun einige Möglichkeiten und Orte für gezielte Anbahnungen untersucht und deren Vorteile und Nachteile abgewogen. Neben solchen geplanten Aktionen ergeben sich auch in unserem unmittelbaren Lebensbereich, im Bekannten- und Freundeskreis immer wieder familiäre Zusammenkünfte, die wir keineswegs vernachlässigen dürfen. So gibt – falls wir gläubig sind – der sonntägliche Kirchgang immer wieder Gelegenheit, Männer unserer Wohngegend zu beobachten und einzuschätzen und ihre Bekanntschaft zu machen oder zu erneuern.

Auch bei Beerdigungen von Personen, die wir kannten, sollten wir mit dabei sein, denn da werden wir anschließend fremden Männern vorgestellt und in ein Gespräch verwikkelt. Genauso trifft man bei Taufen, Konfirmationen, Firmungen, Hochzeiten, Geburtstagsfeiern meist neue Gesichter an und lernt Männer der weiteren Verwandtschaft der betreffenden Familie kennen. Deshalb müssen wir sehen, daß wir zu solchen Anlässen eingeladen werden.

Übrigens ist es nicht unvorteilhaft, ein gern gesehener Partygast zu werden. Denn dann wird man uns zu jeder kleinen Feier im Umkreis hinzubitten. Ein schickes, körperbetontes Cocktailkleid mit ein paar freien Hautflächen, ein geheimnisvolles Parfum und eine tadellose Frisur werden die Männer in unsere Nähe ziehen, gleich wie alt wir sind. Und auch dann, wenn wir nur ein Dutzendgesicht vorzuweisen haben, wird es doch durch die liebe Art, in der wir einen Mann anlächeln, illuminiert. Auf Partys haben wir nichts anderes zu tun, als uns zu unterhalten und Bekanntschaften zu machen. Eine hervorragende Chance, auf unseren Mann zu stoßen!

 ### Arbeitsplatz und Heiratsanzeigen

Natürlich kommt es vor, daß Frauen ihren Mann am Arbeitsplatz kennenlernen oder über Heiratsanzeigen suchen und finden. Es sind ja auch die herkömmlichsten Rezepte, welche immer an erster Stelle angepriesen werden. Gleichzeitig sind es aber auch die am wenigsten geeigneten.

So stellen wir es uns meist recht einfach vor, in der Firma einen Arbeitskollegen zu entdecken, der uns zum Traualtar führt. In Betrieben mit Hunderten von Angestellten, mag das ja auch dann und wann passieren. Doch dem stehen Millionen Frauen gegenüber, die seit Jahrzehnten berufstätig sind, ohne je einen Mann gefunden zu haben, der zu ihnen paßt und der sie heiratet.

Wenn man Überlegungen darüber anstellt, weshalb Heiratsanzeigen und kommerzielle, computerisierte oder private Vermittlungen – allen optimistischen Werbeaussagen zum Trotz – eine verhältnismäßig magere Erfolgsquote an wirklich glücklichen Ehen erbringen, dann muß man mehreres in Betracht ziehen:

Zum einen übertragen alle diese Arten von organisiertem Verlieben die ausschlaggebende Entscheidung dem Verstand.

Es wird kalkuliert. Die tiefen Urinstinkte des Menschen, die unterbewußten Kräfte, welche für gewöhnlich die für einander bestimmten Partner gegenseitig anziehen, werden ausgeschaltet. Sie kommen nicht zur Wirkung, alle kosmischen Einflüsse sind neutralisiert. Und das Stimulans der Romantik des Zufalls, des Schicksalhaften, fehlt beim organisierten Verlieben vollkommen. Alles ist geplant und berechnet. Auch daß man sich nach dem Kennenlernen sofort einredet, man sei verliebt. Da wächst nichts heran, da reift nichts, es geht alles per Expreß.

Zum anderen ist es auch gar nicht so leicht, sich wieder von etwas zurückzuziehen, was aus der Distanz bürokratisch eingefädelt wurde. Die vorgeschlagenen Partner sind zunächst nur Papierfiguren oder Computereingaben. Es erfolgte keine Auswahl durch Sichtkontakt und Hautberührung beim Händereichen, keine Möglichkeit, erst die positive oder negative Ausstrahlung von vielen auf sich wirken zu lassen und zu testen, um dann den einen zu finden. So dominiert beim organisierten Verlieben fast immer unterschwellig ein ungutes Gefühl.

Nehmen wir zum Beispiel eine Heiratsanzeige. Mit ihr handeln wir uns für eine oder zwei Wochen eine Menge Arbeit ein. Wir müssen viele Briefe beantworten, Fotos von uns verschicken und die der Einsender zurückgehen lassen. Gleichzeitig müssen wir anhand von ein paar Sätzen und eines Bildes, von dem wir nicht einmal wissen, wann es aufgenommen wurde, die schwierige Ausscheidung vollziehen. Dies alles, um am Ende drei oder zwei oder vielleicht nur eine einzige Verabredung zu treffen. Welch ein Aufwand für eine so geringe Ausbeute! Und dann tritt voraussichtlich

das ein, was bei zwanzig Begegnungen neunzehnmal geschieht ... nämlich daß er n i c h t zu unseren Männern
gehört. Weil w i r n i c h t zu den Frauen zählen, auf
deren körperliche Eigenheiten er reagiert.

Was anschließend kommt, ist immer peinlich. Denn nun
muß man es dem anderen sagen. So manche Frau, die schon
mehrmals erfolglos Heiratsanzeigen aufgab, hat schließlich
resigniert und fing an zu glauben, daß sie damit alle Möglichkeiten ausgeschöpft hätte!

Damit haben wir unsere Liste von sehr günstigen, günstigen
und weniger günstigen Anbahnungsmöglichkeiten fertiggestellt. Sie erhebt nicht den Anspruch, komplett zu sein. Es
sind nur Vorschläge dafür, was wir für diesen unseren letzten
Einsatz unternehmen könnten!

Nun ist es soweit, liebe Freundin! Nun kommen wir zum
Schluß! Rufen wir uns nochmals ins Gedächtnis, welche
Erkenntnisse und Impulse uns dieses Buch vermitteln
wollte.

Als erstes haben wir unseren Wert erkannt. Wir haben einge-
sehen, daß alle körperlichen Merkmale, die wir von der
Natur geschenkt bekamen, die nicht veränderlich sind, zu
uns gehören und keineswegs Fremdkörper oder Störfaktoren
für das Zustandekommen einer Beziehung darstellen. So wie
die Natur uns erschaffen hat, verkörpern wir für eine bestimmte Gruppe von Männern eine begehrenswerte Frau.

Mit anderen Worten: Wir haben die gleichen Chancen, einen zu uns passenden Partner zu finden, wie jede andere Frau – sei sie noch so schön oder noch so reich!

Damit gab uns dieses Buch die Gewißheit, daß wir unser Vorhaben realisieren können. Es schenkte uns neue Hoffnung und Sicherheit, und das war die erste Notwendigkeit.

»Dem Menschen Hoffnung schenken verzehnfacht seine Kräfte«, sagen die Weisen. Diese neuen Kräfte benötigten wir, um aktiv zu werden. Wir mußten vieles an uns ändern, was verbesserungswürdig schien und zu ändern war. Aber immer nur solche Dinge, welche uns nicht bei der Geburt als unabänderlich mitgegeben worden waren!

Das Buch hat uns an Ausstrahlung gewinnen lassen. Wir haben unser körperliches Reizvolumen aktiviert, vergrößert und zur Geltung gebracht. Es ist uns gelungen, unserer Erscheinung einen interessanteren Touch zu verleihen und unseren seelischen Zustand zu entspannen. Ferner haben wir – und das war vermutlich unser wichtigster Schritt – durch tägliches Visualisieren vor dem Einschlafen für das Erreichen unseres Zieles die hilfreichsten Verbündeten gewonnen: unser Unterbewußtsein und, durch dessen Vermittlung, die kosmischen Kräfte.

Nachdem wir uns selbst erforscht haben und wissen, wer zu uns paßt, sind wir jetzt in der Lage, die in diesem letzten Kapitel empfohlenen Aktivitäten aufzunehmen und dabei immer sofort jene Männer auszuscheiden, die für uns nicht akzeptabel wären. Damit haben wir dann alles getan, was in unserer Macht liegt. Unser Unterbewußtsein wird den Rest erledigen. Es wird die Kräfte des Kosmos veranlassen, den sogenannten Zufall herbeizuführen und den Mann, der für

uns bestimmt ist, auf irgendeine Weise in unsere Reichweite zu bringen.

Machen wir uns also guten Mutes ans Werk, gehen wir auf Messen, in Museen, ins Theater oder zu Konzerten im Saal oder im Freien. Oder besuchen wir Abendkurse und versäumen keine Party.

Prägen Sie sich den Weg, auf dem ich Sie bis hierher begleitete, immer wieder ein, liebe Freundin! Gehen wir dieses Buch mehrere Male Schritt für Schritt durch, und befolgen wir konsequent alle darin enthaltenen Ratschläge! Dann werden wir mit mathematischer Sicherheit unser Ziel erreichen. Denn wir haben jeden von unseren Männern getestet, dem wir begegneten, und daraufhin untersucht, ob er zu uns paßt, ob er uns in diesem Leben glücklich machen könnte. Und eines schönen Tages der allernächsten Zukunft wird dieser Partner vor unserer Tür stehen!

ENDE

Quellennachweis

- Samuel Pepys Tagebuch, Seite 311, Reclam Universal Bibliothek Nr. 9970(6). Stuttgart 1980

Ebenfalls von den Autoren erschienen im

Simon Schott • Jeannette Weiss
Die Delphin-Methode
*Wie man im wachsenden Chaos
des dritten Jahrtausends glücklich leben kann*
128 S., Klappenbroschur
ISBN 3-89767-185-9
In diesem Buch lernen Sie von den Delphinen, wie Sie mehr Energie
erlangen können, wie Sie durch Hilfsbereitschaft diese Energie an andere
weiter geben können, ohne dabei selbst leer zu werden. Sie erfahren,
wie Sie sich einen liebevollen, unterstützenden Freundeskreis schaffen,
wie Sie beinahe spielerisch Ihrer Arbeit nachgehen können und wie Sie
lernen, auf Ihre innere Stimme zu hören.

www.schirner.com